Close-Up Magic
Zauberei zur Unterhaltung

Thomas van Büren Lenger

Close-Up Magic

Zauberei zur Unterhaltung

ENGLISCH VERLAG

CIP-Titelaufnahme der Deutschen Bibliothek

van Büren Lenger, Thomas:
Close up magic./Thomas van Büren Lenger. — Wiesbaden:
Englisch, 1989, 2. Auflage 1990.

ISBN 3-8241-0380-X

© by F. Englisch GmbH & Co Verlags-KG, Wiesbaden

Fotos: Susanne van Büren Lenger (Trickaufnahmen)
       Bernd Muermans (Titelfoto)
       Harald Fratzer (Gruppenaufnahmen)
Illustrationen: Elisabeth von Mengersen Pennewitz,
Umschlag- und Innengestaltung A. Ruers
Manuskript und Bearbeitung: Sabine Wesemann

Inhaltsverzeichnis

Für meinen Lehrmeister Kurt Hufenbach,
der es durch seine äußerst wirkungsvollen Zauber-
künste, verbunden mit seiner stets humorvollen Art
der Präsentation, und dank seiner starken Persön-
lichkeit immer wieder aufs Neue verstand, die Menschen für einige Minuten vom täglichen Allerlei in die
Welt der Illusionen zu führen

Vorwort

„Geschwindigkeit ist aller Laster Anfang!"
Diesen Satz schrieb mir vor etlichen Jahren mein großer Lehrmeister, Kurt Hufenbach, scherzhaft als Widmung in ein Buch. Wie recht er damit hatte! Ein „Laster" ist die Zauberei für mich tatsächlich geworden.
Oft schon habe ich in Magierkreisen gehört, daß alles ganz harmlos mit ein paar gelungenen Kunststücken angefangen hat, manchmal schon im Kindesalter mit dem ersten Zauberkasten. Meist läßt es einen dann nicht mehr los.

Für mich begann die Zauberkarriere auch ganz harmlos als Hobby. Aber bereits als Student besuchte ich internationale Kongresse und drang immer tiefer in die Geheimnisse der Magie ein. Inzwischen bin ich schon einige Jahr Profi auf dem Gebiet, aber die Faszination hat noch kein bißchen nachgelassen. Die offizielle Berufsbezeichnung lautet, sehr zur Freude auf Ämtern und Behörden: Zauberkünstler. Die Freude, die ich mit meiner Kunst verbreite, ist für mich ein besonderes Erfolgserlebnis. Vielleicht habe

ich mich auch deshalb dieser speziellen Art der Zauberei verschrieben, der Close-up magic, weil sie den direkten Kontakt zum Publikum herstellt. Close-up Zauberei, oder auch Mikro Magie genannt, das ist Zaubern im kleinen Kreis: Zauberkünstler untereinander sprechen dabei von „Kammerspielkunst". Sie kommt ohne die schützende Distanz der Bühne aus, wird direkt am Tisch inmitten der Zuschauer vorgeführt. Und sie kann ohne große Hilfsmittel agieren. Gerade in unserer Zeit, die mit ihren wissenschaftlichen Erkenntnissen und technischen Möglichkeiten alles erklärbar gemacht hat, ist es ein besonderes Vergnügen, noch einige kleine Dinge undurchschaubar zu halten, obwohl man direkt dem prüfenden Blick der Zuschauer ausgesetzt ist. Zauberei wirkt immer phantastisch und unvorstellbar, sie erreicht aber besondere Höhepunkte, wenn die Zuschauer unmittelbar am Geschehen beteiligt sind und keinen blassen Schimmer haben, wie es ablaufen könnte. Ungläubig staunende Kinderaugen in Erwachsenengesichtern – das ist für mich bei jedem Auftritt erneut Ansporn zu Höchstleistungen; mit Geschicklichkeit und Fingerfertigkeit auf dem Wege zu „wahrer Zauberei"?

Wenn Sie auch wie ich fasziniert sind von der magischen Kunst, kann dieses Buch vielleicht für Sie ein Wegbereiter sein.

Einleitung

Dieses Buch wendet sich gleichermaßen an Anfänger und Fortgeschrittene in der Zauberkunst, aber auch an diejenigen, die einfach nur Spaß an der Magie haben, die gerne Zauberkünstlern zusehen und vielleicht einmal mehr über deren Kunst wissen möchten. Hier ist es wie bei allen anderen Künstlern: Je mehr man darüber weiß, je besser man die Vorgänge versteht, desto größer kann der Genuß sein. Deshalb werden hier einige Zauberkunststücke detailliert in ihrem Ablauf beschrieben, begleitet von Fotos und Zeichnungen, die Schritt für Schritt erläutern, wie es geht. So können die Hobbyzauberer Griffe und Tricks erlernen, die Laien Einblick und Verständnis gewinnen, und die kommenden Profis erhalten vielleicht neben neuer Routine auch noch einige wichtige Hinweise für ihre eigenen Präsentationen vor Publikum.

Ein Zauberer muß immer ein guter Menschenbeobachter und vielleicht sogar ein bißchen Psychologe sein, wenn er sein Publikum begeistern will. Es gibt vielfältige Möglichkeiten, die Verblüffung zu steigern oder durch Ablenkung erst hervorzurufen. Diese Tricks resultieren alle aus einer genauen Kenntnis der menschlichen Verhaltensweisen und der inneren Logik von Kommunikation. Speziell bei der Close-up Zauberei, wie ich sie vertrete, ist es wichtig, seine Zuschauer stets gespannt zu halten, weil diese durch die unmittelbare Nähe zum Geschehen besonders auf der Hut sein werden, um möglichst hinter das Geheimnis der Zauberkunststücke zu kommen.

Wenn Sie sich nun tatsächlich mit den in diesem Buch beschriebenen Kunststücken (der Fachausdruck heißt: Routine) anfreunden wollen, lassen Sie mich zuvor einige gemeingültige Hinweise für Ihre Exerzitien geben.

Lesen Sie zunächst jede Routine ganz und genau durch, und versuchen Sie, sich den Effekt und den dazugehörigen Bewegungsablauf genau vorzustellen. Wenn Sie die Fotos betrachten, die den Ablauf zeigen, werden Sie feststellen, daß einige davon aus der Sicht des Zuschauers aufgenommen wurden. Das geschah immer dann, wenn es zum Verständnis wichtiger Details angeraten schien; ansonsten sehen Sie den Ablauf aus der Sicht des Zauberers.

Ebenfalls zum besseren Verständnis der Trickhandlung benutzten wir bei den Kartenroutinen rote Karten im ansonsten blauen Spiel an den Stellen, an denen etwas passiert. Sie selbst brauchen dieses Hilfsmittel natürlich nicht.

Wenn Sie Ihre Requisiten besorgt haben, können Sie mit dem Üben beginnen. Dabei gehen Sie am besten etappenweise vor. Es wird Ihnen kaum gelingen, eine Routine komplett im ersten Versuch durchzuführen. Das soll Sie aber nicht entmutigen. Üben Sie Stück für Stück ein, und kontrollieren Sie dabei von Anfang an immer wieder Ihre Haltung. Sie sollten vor Ihrem Publikum stehen; so ist Ihnen die nötige Aufmerksamkeit gewiß, weil Sie sich gegenüber den sitzenden Zuschauern „abheben".

Die Handgriffe werden Sie bestimmt hundertmal üben müssen, bis sie einigermaßen sitzen. Wenn Sie dabei auf Schwierigkeiten stoßen, legen Sie die Requisiten erst einmal wieder weg und beschäftigen Sie sich mit einer völlig anderen Sache. Sie werden merken, daß Sie später wesentlich gelöster und mit mehr Schwung an die Routine herangehen. Seien Sie versichert, daß jeder noch so bedeutende Profizauberer genauso mühevoll angefangen hat. Ich habe mich manchesmal festgebissen an Stellen, wo es absolut nicht weitergehen wollte.
Um die Langeweile beim Üben etwas zu mindern, kann man gut an zwei verschiedenen Routinen gleichzeitig arbeiten. So haben Sie immer wieder ein bißchen Abwechslung, aber das Pensum ist auch nicht so groß, daß es nicht zu bewältigen wäre.

Die ersten Zuschauer sind meistens die eigenen Familienmitglieder, bevor man sich mit seinen Kunststücken in die Öffentlichkeit wagt. Das ist auch gut so, denn kritische Augen sind für Ihre Übungen unerläßlich. Oft kann der Zauberer seine „Qualität" gar nicht selbst erkennen. Die gleichmäßige Abfolge von Griffen oder das Unsichtbarbleiben bestimmter Bereiche lassen sich vom Gegenüber besser beurteilen als vom Ausführenden selbst. Ein probates Mittel zur Kontrolle, ob die Routine sitzt, ist der Spiegel. Und im Zeitalter der Multivision natürlich die Videokamera – für den Profi heutzutage ein unverzichtbares Hilfsmittel und die objektivste Methode, seine eigenen Darbietungen zu überprüfen. Achten Sie dabei nicht nur auf Ihre Bewegungsabläufe, sondern vor allem auch auf die „versteckten" Hinweise

darauf, daß Sie eine geheime Handlung ausgeführt haben. Ihre unbewußte Körpersprache zeigt an, was Sie eigentlich lieber unentdeckt lassen wollen. Deshalb müssen Sie sich jede noch so kleine Geste von Anfang an bewußt machen. Unkontrolliert kann sie Sie verraten, mit Bedacht eingesetzt kann sie die Zuschauer wunderbar ablenken.

Sie sehen, die Zauberkunst hat sehr viel mit Konzentration zu tun. Das Merkwürdige ist nur, daß Ihre Darbietungen eigentlich erst dann eine richtige Schau sind, wenn Sie sich auf die einzelnen Griffe nicht mehr konzentrieren müssen! Wenn Sie die Routinen so beherrschen, daß Sie sie auch im Halbschlaf noch vorzeigen könnten, dann können Sie wirklich auf Ihr Publikum eingehen und Ihre kleine Show gestalten. Denn so wichtig die Griffe auch sind – der Vortrag spielt eine nicht unwesentliche Rolle. Die Art und Weise, wie ein Zauberer seine Kunststücke präsentiert, kann ausschlaggebend dafür sein, ob er beim Publikum ankommt oder nicht. Ich empfehle Ihnen, hier vor allem authentisch zu sein. Wenn Sie in Ihrem Alltag ein lustiger Typ sind, können Sie auch Ihre Vorführung mit Scherzen gestalten. Wenn Sie aber ein eher nüchterner Mensch sind, sollten Sie es mit den Witzen nicht übertreiben; Sie wirken sonst nur aufgesetzt und albern: viel komischer sind Sie dann, wenn Sie tatsächlich ernst bleiben.

Neben den persönlichen Voraussetzungen sind allerdings auch die technischen wichtig für gutes Gelingen der Präsentation.

Für alle Routinen brauchen Sie eine gleichmäßige Tischfläche. Kartenkunststücke lassen sich am besten auf einer weichen Unterlage ausführen. Glatte Flächen sind nicht ideal, weil sich darauf die Karten zu leicht verschieben. Flies- oder Veloursmatten sind gut geeignet, ebenso Filz oder, neuerdings auch überall erhältlich, die Unterlegematten der Personalcomputer.

Die Kartenspiele zum Zaubern sollten möglichst neu sein, ohne Gebrauchsspuren und auf keinen Fall verknickt. Wählen Sie keine allzu harten Sorten, das strengt die Hände stark an; auch keine zu weichen, weil die nicht genug Spannung für Biegungen haben.

Ich habe es mir zu Angewohnheit gemacht, keine Requisiten zu verwenden, die ich nicht aus der Hand geben darf.

Rechnen Sie immer damit, daß die Zuschauer Sie fragen werden, ob sie die Karten einmal genau ansehen dürften, denn wenn Sie so direkt vor ihnen arbeiten, haben sei keine Hemmungen, Sie anzusprechen. Das ist ja gerade das Schöne an dieser Sparte der Zauberei – der direkte Kontakt mit dem Publikum.

Diese Vorstellung von Fairneß liegt auch den Routinen in diesem Buch zugrunde; sämtliche verwandten Utensilien können Sie nach der Schau auf dem Tisch zurücklassen.

Fangen wir also an!

Abb. 1.1

Das Kartenband

Mit diesem Ziergriff können Sie auf elegante Art und Weise ein Kartenspiel von der Vorder- und der Rückseite vorzeigen. Dabei werden die Karten sehr gleichmäßig ausgestreift. Solche Bänder bieten oft die Basis für eine Routine. Aus dem Band kann der Zuschauer eine Karte wählen, oder es belegt einfach nur die Vollständigkeit des Spiels. In jedem Fall schmückt das Wenden ungemein!

Abb. 1.2

Technik

Sie ergreifen das Spiel mit der rechten Hand und legen den Daumen an die linke Längsseite und Mittel-, Ring- und kleinen Finger an die rechte. Das Spiel kommt auf die linke Seite des Tisches. (Ganz wichtig: eine weiche Unterlage.) Der Zeigefinger liegt gekrümmt auf dem Spiel. Nun werden die Karten nur noch vom Daumen und Zeigefinger gehalten, die restlichen Finger stehen in der Luft. Sie bewegen Ihre rechte Hand von links nach rechts, wobei Sie mit Daumen und Zeigefinger einen gleichmäßigen Druck ausüben (Abb. 1.1).

Anmerkung: *Für diesen Ziergriff sollten Sie möglichst neue Karten benutzen, denn diese laufen besser und lassen sich somit leichter und gleichmäßiger ausstreifen.*

Wenn Sie alles richtig gemacht haben, liegen die Karten nun mit einem Abstand von ca. 1,5 cm aufeinander in einem langen Band auf dem Tisch.

Dieses Ausstreifen läßt sich natürlich in verschiedenen Formen darstellen. Das Band kann horizontal liegen oder vertikal; es kann schräg über den Tisch laufen oder sogar gebogen. Für die Dekoration dieses Griffes werden Ihnen bestimmt viele Möglichkeiten einfallen.

Um nun die Karten auch von ihrer Rückseite vorzuzeigen, sollen sie umgeklappt werden. Dazu gehen Sie mit Ihrer linken Hand an die linke Seite des Kartenbandes und heben mit dem linken Zeigefinger die Karten an dieser Stelle vorne an. Der Daumen der rechten Hand führt diese Bewegung fort, indem er sich an die untere linke Ecke legt und alle Karten der Reihe nach umdreht (Abb. 1.2).

Flüssig ausgeführt sieht dieses Vorzeigen sehr gekonnt aus. Vielleicht haben Sie ja schon einmal in einem Spielkasino einem Croupier auf die Hände geschaut. Er benutzt diesen Griff, um den Spielern am Tisch zu demonstrieren, daß es ein „sauberes" Blatt ist.

Der Kartensprudel

Beim Kartensprudel handelt es sich um einen der bekanntesten Ziergriffe der Kartenkunst. Damit wird Ihren Zuschauern auf spielerische Art und Weise gezeigt, daß Fingerfertigkeit bei Ihren Vorführungen eine große Rolle spielt.

Die Karten fliegen (sprudeln) durch die Luft von einer Hand in die andere, wobei das entstehende Geräusch diesen zauberhaften Griff noch verstärkt.

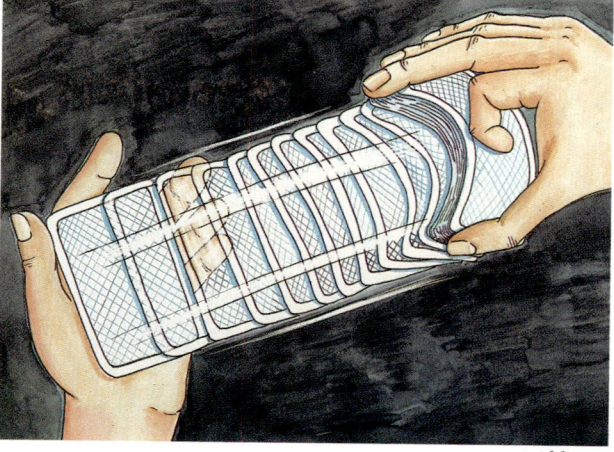

Abb. 2.1

Technik

Sie halten das Kartenspiel in der rechten Hand zwischen Daumen auf der einen und Mittel-, Ring- und kleinem Finger auf der anderen Schmalseite, während der Zeigefinger gekrümmt auf dem Spiel liegt. Nun üben die an der Schmalseite liegenden Finger einen starken Druck gegeneinander aus, so daß sich die Karten zur Handfläche hin wölben. Biegen Sie die Karten ruhig etwas weiter durch, dadurch wird der Druck noch verstärkt. So springen sie leicht aus Ihrer Hand heraus (Abb. 2.1).

Um zu verhindern, daß Sie nach Einüben der Routine über Rückenschmerzen vom dauernden Bücken beim Aufheben klagen, sollten Sie zunächst über einem möglichst großen Tisch üben. In der ersten Phase ist es sehr schwierig, von beiden Schmalseiten einen gleichmäßigen Druck auszuüben. Das hat zur Folge, daß die Karten sehr dekorativ in alle Himmelsrichtungen springen, aber nicht dahin, wo Sie sie haben wollen. Gerade am Anfang werden Sie es nicht verhindern können, daß nur kleine Kartenblöcke abspringen, aber nicht alle Karten einzeln und schon gar nicht relativ gleichmäßig. Aber wie heißt es so schön: Es ist noch kein Meister vom Himmel gefallen und erst recht kein Zauberer!

Nehmen Sie zum Üben in diesem Fall ruhig ein älteres Kartenspiel. Wenn die Spannung der Karten schon etwas nachgelassen hat, kommt man am Anfang sicher besser damit zurecht. Wenn Sie es schaffen, die Karten einzeln abspringen zu lassen, während Sie das Spiel stark durchgebogen halten, sind Sie auf dem richtigen Weg.

An dieser Stelle möchte ich Ihnen einen Tip geben, der grundsätzlich für alle Zauberei gilt. Üben Sie mit Pausen... beißen Sie sich nicht fest, sondern gehen Sie gelöst an die Problematik heran. Besonders bei Handgriffen taucht das Problem der Überanstrengung auf. Diese Stellungen sind für Ihre Finger zunächst neu und unnatürlich, sie werden sich also nach einer gewissen Zeit verkrampfen, bis sie sich daran gewöhnt haben. Wenn Sie das bemerken, hören Sie besser auf. So kommen Sie ohnehin nicht weiter.

Da das Sprudeln von einer Hand in die andere außer der Grifftechnik auch eine hohe Zielgenauigkeit erfordert, empfiehlt es sich, zuerst in einen Karton oder ein ähnliches Hilfsmittel zu zielen. Dabei haben Sie dann allerdings das Problem, die Karten nicht sofort wieder einsetzen zu können. Sie kommen also letztlich um genaues Treffen nicht herum. Die Karten müssen in Ihrer linken Hand landen.

Zuerst arbeiten Sie dabei mit einem geringen Abstand, den Sie mit zunehmender Sicherheit vergrößern. Schließlich beherrschen Sie einen der visuellsten Ziergriffe mit Spielkarten.

Noch eine kleiner Tip zum Schluß:
Durch die Haltung der linken Hand, als ob Sie etwas fangen oder auch pflücken wollten, das heißt leicht nach oben gekrümmte Finger, ist gewährleistet, daß Sie die aufgefangenen Karten rasch und leicht wieder zum einem Kartenblock zusammenschieben können. Eine besondere Rolle spielt dabei der kleine Finger, der dadurch, daß er am weitesten von der Hand wegsteht, die Fangfläche enorm vergrößern kann. Durch ihn könnten auch leicht abdriftende Karten noch gehalten werden.

Das magische Fragezeichen

Effekt

Aus einem bereits gemischten Kartenspiel lassen Sie zwei Zuschauer je eine Karte frei auswählen.
Die Zuschauer sollen sich ihre Karten merken und legen sie ins Spiel zurück.
Das Kartenspiel wird von links nach rechts bildunten ausgestreift. Der Zauberer findet die erste Zuschauerkarte aus der Mitte des Kartenbandes heraus und legt sie vor die entsprechende Person.
Um die zweite Zuschauerkarte zu finden, wird zunächst mit den Spielkarten (bildunten) ein großes Fragezeichen ausgelegt. Dreht dann der Zauberer den Punkt unter dem Fragezeichen um, so ist dies die zweite ausgewählte Karte.

Präparation

Zubehör:

- 1 Skatspiel
- 1 wasserfester feiner Filzstift.

Für dieses Kunststück benötigen Sie ein gewöhnliches Skatspiel. Die einzige Präparation besteht darin, daß auf einer Spielkarte oben links und unten rechts eine kleine, kaum sichtbare Markierung angebracht wird. Benutzen Sie einen wasserfesten, schnelltrocknenden Filzstift für diese winzigen Pünktchen, dann können sie nicht verwischen und sind dauerhaft auf dem Spiel angebracht.
In unserem Fall wurde die Pik Acht markiert. Sie liegt als unterste Karte im bilduntenliegenden Spiel.

Vorführung

Sie holen Ihr präpariertes Spiel aus der Jackentasche (das wirkt besonders lässig – bei einem Koffer vermutet der Zuschauer von vorherein einen Bluff) und mischen es folgendermaßen durch:
Mit der rechten Hand halten Sie das Kartenspiel zwischen Daumen auf der einen und den restlichen vier Fingern auf der anderen Schmalseite – also quer. Die linke Hand legt den Daumen auf die oberste und die vier anderen Finger auf die unterste Karte. Dabei wird ein Druck ausgeübt, so daß sich die oberste und unterste Karte vom übrigen Spiel abziehen lassen. Die rechte Hand ergreift das verbleibende Päckchen und zieht es quasi zwischen den beiden Karten heraus (Abb. 3.1). Danach werden die übrigen Spielkarten aus der rechten Hand nacheinander auf das Spiel gemischt.

Sie haben es sicher schon gemerkt: durch diese Mischtechnik bleibt die gekennzeichnete Pik Acht immer an unterster Stelle.

Dies ist eine Kombination aus Logik und Irritation. Der Zauberer will eine bestimmte Karte an einer bestimmten Stelle haben; daß er aber bereits beim Mischen den Ablauf des Kunststücks beeinflußt, darauf kommt der Zuschauer nicht.

Nun ergreifen Sie mit der rechten Hand das bilduntenliegende Spiel und legen es links vor sich ab. Die Karten sollen von links nach rechts zu einer geraden Reihe ausgestreift werden, eine Grundtechnik der Kartenzauberei. Dabei üben Sie mit Daumen und Zeigefinger der rechten Hand einen gleichmäßigen Druck auf die Karten aus und ziehen sie auseinander. Dieses Ausstreifen müssen Sie unbedingt beherrschen, weil es für viele Vorführungen unerläßlich ist. Es soll immer leicht und elegant aussehen und wie von selbst funktionieren. Wenn Sie generell ein neues Kartenspiel benutzen, fällt es Ihnen leichter, die Karten in einem gleichmäßigen Abstand auszustreifen.

Nun liegt also das Kartenband (bildunten) wunderbar vor Ihnen auf dem Tisch. Sie bitten zwei (!) Zuschauer, sich je eine Karte frei aus dem Spiel zu wählen. Die Mitspieler ziehen ihre Karten aus dem Band und zeigen sie den übrigen Gästen. Fordern Sie sie auf, sich die Karten gut zu merken. Jetzt folgt für den Zauberer die eigentliche Trickhandlung. Während sich die Zuschauer die Karten ansehen, schieben Sie das Spiel wieder zu einem Päckchen zusammen und zwar ebenfalls von links nach rechts und mit der linken Hand (Abb. 3.2). Anhaltspunkt: Pik Acht liegt immer noch zuunterst.

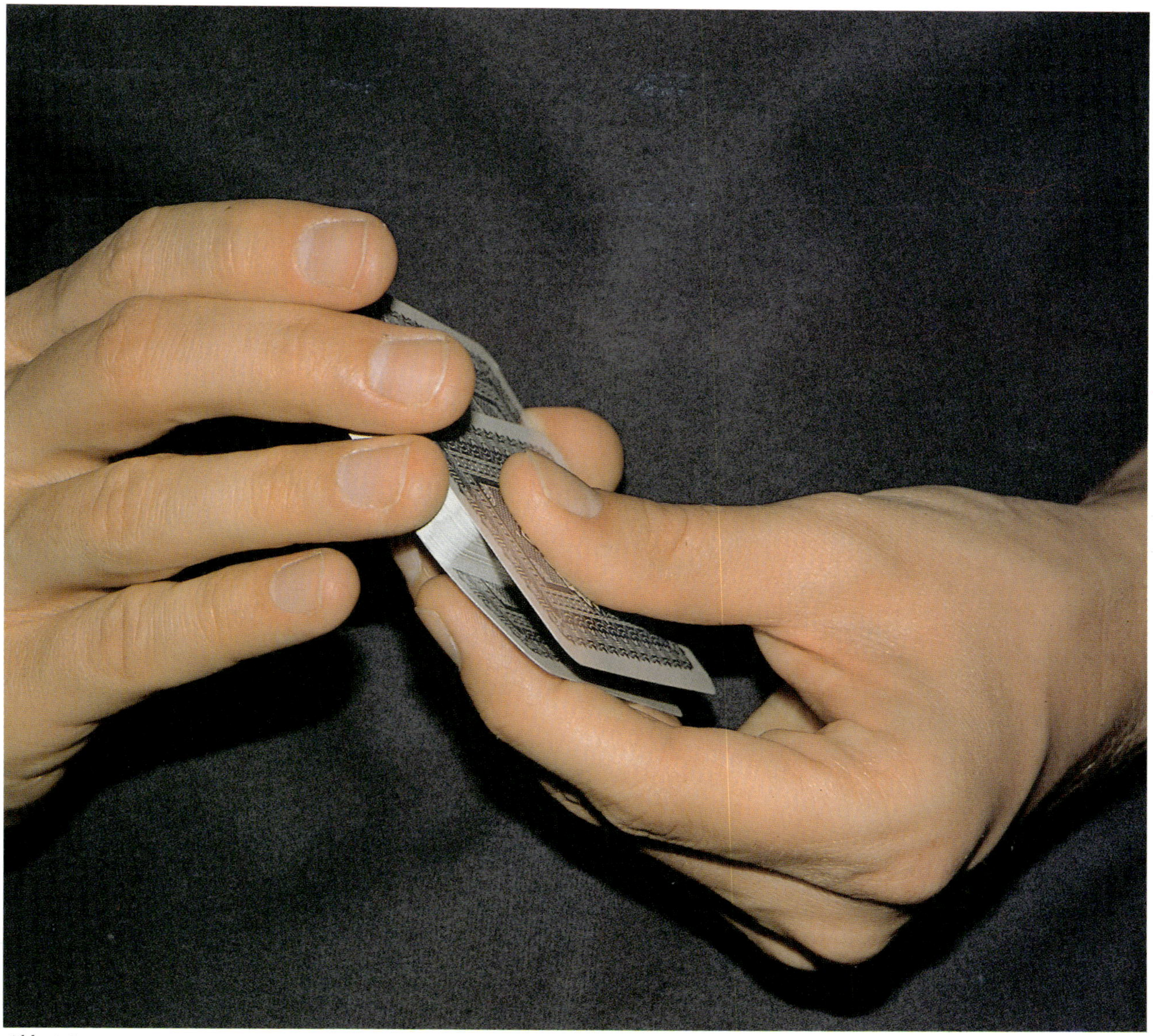

Abb. 3.1

Abb. 3.2

Anschließend werden die Karten zwischen den Händen ausgebreitet, so daß rechts ca. 14 Karten gefächert gehalten werden, während die linke Hand die übrigen Karten im Päckchen hält (Abb. 3.3). Mit dieser Linken wenden Sie sich dem ersten Zuschauer, der auch links von Ihnen sitzt, zu, indem Sie den Oberkörper leicht auf ihn zu drehen. Bitten Sie ihn, seine gewählte Karte auf das Päckchen zu legen (Abb. 3.4).

Wenn Sie sich nun dem zweiten Zuschauer, der rechts von Ihnen sitzt, zuwenden, um seine Karte aufzunehmen, drehen Sie Ihren Oberkörpfer mit einer großen Bewegung von links nach rechts. Für Ihre Hände gilt folgender Ablauf: die linke Hand geht mit dem Kartenpäckchen und der daraufgelegten ersten Zuschauerkarte wieder in Richtung Oberkörper und schiebt dabei das Päckchen zu einem kleinen Kartenband auseinander. (Nicht ganz einfach! Der Daumen, in diesem Fall links, liegt auf der obersten Karte, und mit den restlichen vier Fingern, die sich unter dem Päckchen befinden, schieben Sie die Karten nach rechts. Weil es sich hier um eine gegenläufige Bewegung handelt, läßt sich der Griff nicht so leicht ausführen. Deshalb müssen Sie auch hier bestens präpariert sein, bevor Sie die ganze Routine vorführen.)

Gleichzeitig bewegt sich die rechte Hand in Richtung zweiter Zuschauer, wobei dieses Kartenband zu einem Päckchen geschlossen wird. Auf den Kartenblock in Ihrer rechten Hand legt dann der Zuschauer seine Karte (Abb. 3.5–3.7). Ihre linke Hand bewegt sich auf die rechte Hand zu und schließt das Kartenband über dem anderen Kartenpäckchen (Abb. 3.8).

Situation: *Die erste gewählte Karte liegt an oberster Stelle, die zweite Zuschauerkarte direkt unter der markierten Pik Acht.*

Abb. 3.3–3.6

Bei dieser Präsentation kommt ein grundlegendes Prinzip der Ablenkung zur Geltung. Die kleine Bewegung der linken Hand beim Übergang des Päckchens zu einem Kartenband wird durch die große Bewegung des Oberkörpers und der rechten Hand für die Zuschauer nicht sichtbar. Ihre volle Aufmerksamkeit gilt der großen Bewegung, während die kleine Bewegung gar nicht wahrgenommen wird. Der Close-up-Zauberer ist also nicht nur mit Kopf und Händen im Einsatz, sondern ganz bewußt auch mit seinem ganzen Körper. Jede Bewegung muß sitzen, wenn die Show gelingen soll.

Sie haben nun auf elegante Weise genau festgelegt, wo sich die beiden gewählten Zuschauerkarten befinden. Eigentlich könnte die Zauberei damit schon beendet sein. „Simsalabim – dies sind die zwei ausgesuchten Karten!" Aber nein, wir wollen es doch noch ein bißchen spannender machen – und gleichzeitig eine Technik einsetzen, die die Kartenzauberei für viele Zuschauer so faszinierend erscheinen läßt: den Kartensprudel. Er wird immer gerne mitten in einer Vorführung angewandt, obwohl er für den Ablauf der Routine eigentlich gar keine Funktion hat. Aber er sieht so schön magisch aus! Wie er ausgeführt wird, steht im gleichnamigen Kapitel.

Abb. 3.7

Abb. 3.8

Abb. 3.9

Abb. 3.10

Psychologie

Diese Routine dauert nicht länger als zwei Minuten. Innerhalb dieser Zeit passieren völlig unerwartete Dinge. Wie bei jedem Zauberkunststück sind Sie hochgradig konzentriert, wirken aber völlig gelöst. Da hier die Zauberei mit dem anfänglichen Mischen beginnt, müssen Sie dieses besonders der Aufmerksamkeit der Zuschauer entziehen. Keine Angst, es fällt bestimmt nicht auf! Achten Sie einfach nicht auf Ihre Karten, sondern sehen Sie das Publikum an. Als Zauberer lenken *Sie* die Blicke der Zuschauer. Und schließlich: dieses Mischen und das damit verbundene Geräusch weicht überhaupt nicht vom normalen Mischen ab. Sie werden keinerlei Verdacht erregen.

Auch beim Herausziehen der ersten Zuschauerkarte brauchen Sie keine Sorge zu haben, daß die Karte mit dem Punkt entdeckt wird. Nur Sie selbst werden diesen kleinen Unterschied bemerken. Der Zuschauer weiß ja gar nicht, auf was er achten soll. Allerdings sollten Sie die gewählten Karten möglichst flüssig aus dem Band ziehen.

Die wichtigste Phase in dieser Routine ist das Zurücklegen der beiden Zuschauerkarten. Dabei spielt die Körperdrehung von links nach rechts eine besondere Rolle. Sie überdeckt die Trickhandlung beim Auffächern der Karten völlig. Das menschliche Auge konzentriert sich nur auf die große Bewegung und nimmt das Zurückstecken der Karten somit nur am Rande wahr. Selbst die Zuschauer, die immer versuchen, hinter das Geheimnis eines Zauberkunststückes zu kommen und deshalb alles sehr genau beobachten, werden durch diese Aktion abgelenkt.

Um nun die Doppelüberraschung schließlich zu vollziehen, streifen Sie das Spiel erneut von links nach rechts aus. Ungefähr in der Mitte liegt die markierte Pik Acht. (Allein Sie achten auf den Punkt!) Links neben dieser Karte befindet sich die Karte des zweiten Zuschauers, der rechts von Ihnen sitzt. Ziehen Sie diese Karte möglichst schnell aus dem Kartenband heraus und fahren damit, Bildseite sichtbar, von links nach rechts über das ganze Spiel hinweg, so daß die Karten leicht gestreift werden. (Abb. 3.9, 3.10) (Vorsicht, zerstören Sie dabei nicht Ihr schönes Band!) Legen Sie Karte offen vor den zweiten Zuschauer. Damit ist Ihnen schon ein Applaus sicher. Aber eine Karte fehlt ja noch ... Sie schieben das Band wieder von links nach rechts zusammen, um es anschließend gleich wieder auszustreifen. Diesmal als besonderer Gag in der Form eines Fragezeichens. Die letzte Karte, die zuvor die oberste war, ziehen Sie als Punkt mit etwas Abstand unter das Fragezeichen. Wenn Sie nun den ersten Zuschauer, den links sitzenden, nach seiner Karte fragen, drehen Sie den „Punkt" um – es ist seine gewählte Karte! (Abb 3.11)

Abb. 3.11

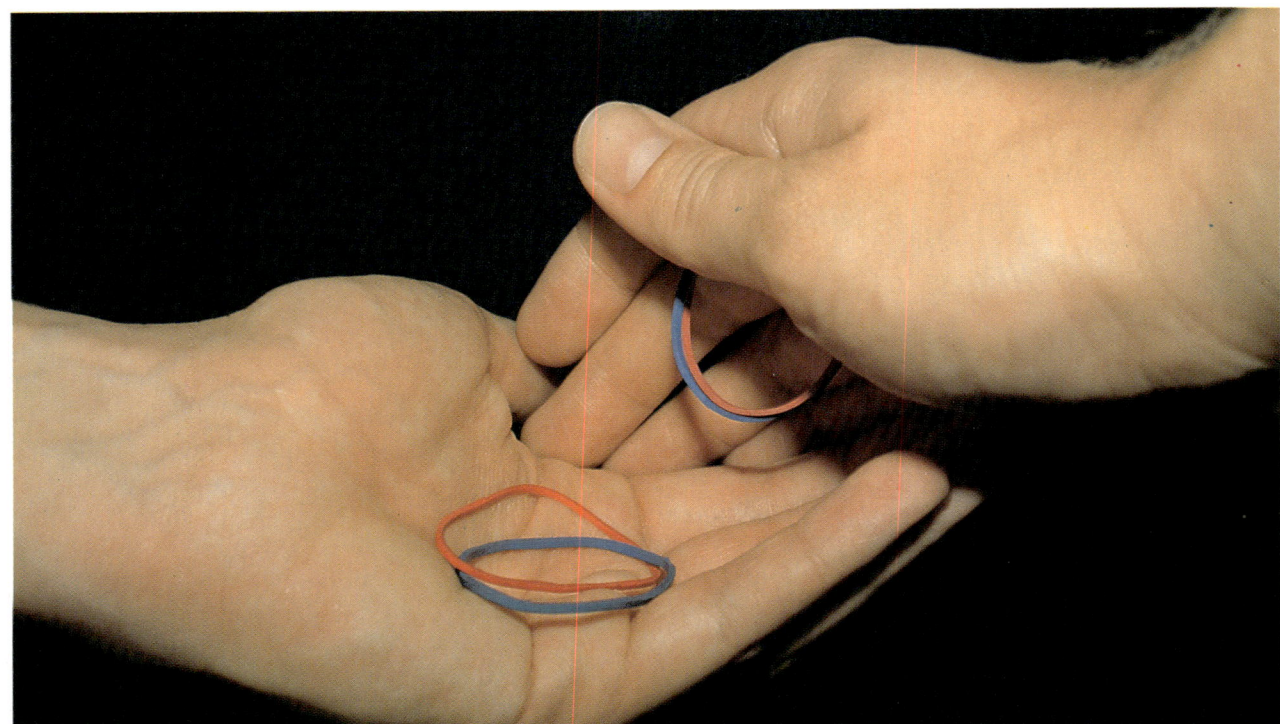

Abb. 4.1

„Elastische" Verbindung

Effekt

Als „Partner" für diese Routine hat der Zauberer ein Ehepaar an seinem Tische ausgewählt. Er legt vor die beiden zwei verschiedenfarbige normale Gummibänder auf den Tisch. Mit den Worten, daß Ringe ja bekanntlich zwei Menschen miteinander verbinden, sucht der Zauberer in seinen Taschen nach einem Ring. Nachdem er ihn gefunden hat, wirft er die beiden einzelnen Gummibänder in die Hand der Dame, die sie sofort schließt und umdreht. Auf den Handrücken legt der Zauberer ihr den Ring und bittet sie ein kleines Stück eines Gummibandes aus der Faust herauszuziehen. Der bisher passive Ehemann wird gebeten, die „Verbindung" zu prüfen, indem er langsam das Gummiband aus der rechten Hand seiner Frau zieht.

Da scheint die Verbindung aber nicht nur „elastisch", sondern auch „zauberhaft" zu sein, denn nun hängen die beiden Gummis deutlich sichtbar ineinander.

Präparation

Zubehör:

- 1 Ring (vielleicht Ihr Ehering?)
- 4 Gummibänder Ø 40 mm
  (je 2 in einer Farbe – hier rot und blau)
- Sekundenkleber

Für die „elastische Verbindung" sollen ein rotes und ein blaues Gummiband ineinanderhängen. Das stellen Sie so her: Mit einem geraden Schnitt trennen Sie eines der Bänder durch. Die offenen Enden führen Sie durch das unbeschädigte andere Gummiband und kleben sie mit Sekundenkleber wieder zusammen. Dabei müssen Sie sehr sauber arbeiten, damit man die Klebestelle nicht bemerkt. Am besten setzen Sie einen Klebstofftropfen auf einen dunklen Karton; so sehen Sie genau die Menge und können das Band zum Kleberaufnehmen leicht eintauchen.

Für Ihre Schau brauchen Sie die verbundenen Gummis in der linken Tasche und die beiden einzelnen in der rechten. Der Ring ist ebenfalls in der rechten Tasche.

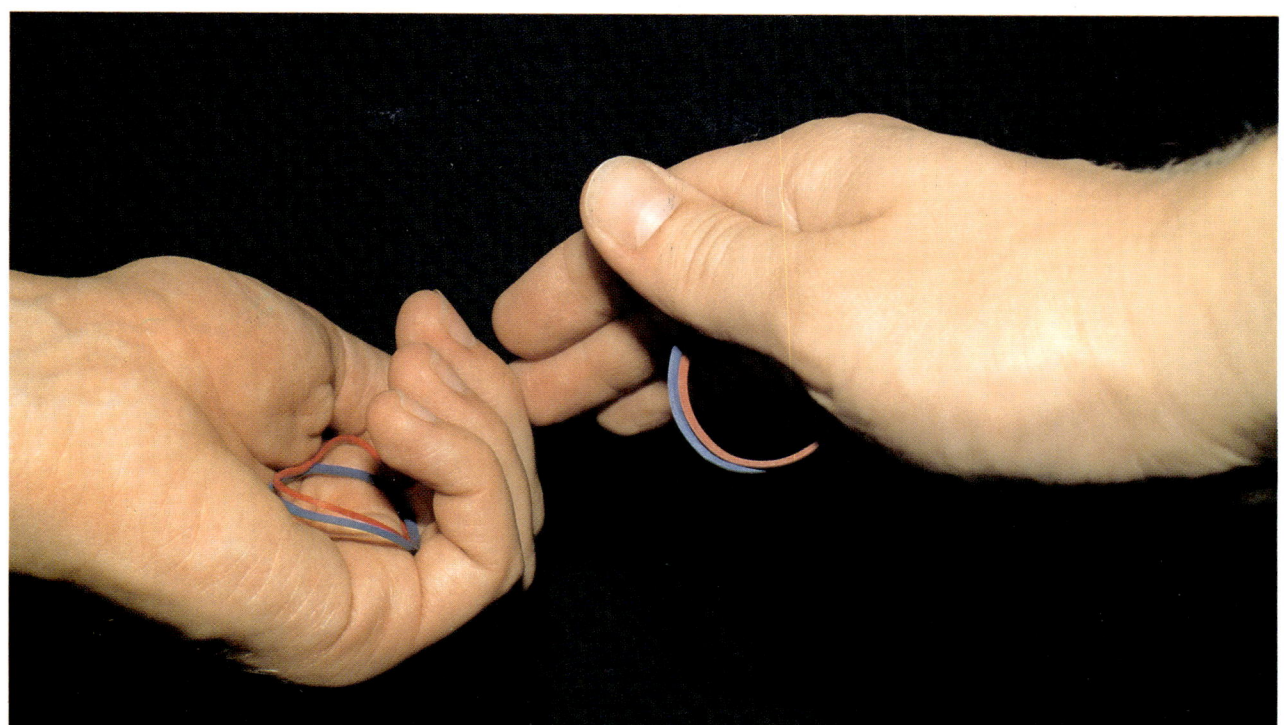

Abb. 4.2

Vorführung

Aus Ihrer rechten Jackentasche holen Sie die beiden einzelnen Gummibänder und legen Sie in einem Abstand von ca. 10 cm vor sich auf den Tisch. Wählen Sie jetzt ein Paar an diesem Tisch für die Vorführung aus und ordnen Sie jedem Partner ein Gummiband zu, vielleicht mit den Worten: „Jedes Band stellt einen Partner dar." Und dann etwa: „Eine Verbindung zwischen zwei Menschen wird ja bekanntlich durch einen Ring symbolisiert." Dabei nehmen Sie die Gummibänder mit Daumen und Zeigefinger der rechten Hand auf, so daß die Zuschauer sie noch einmal gut sehen können. Drehen Sie Ihre Hand so weit, daß die Handfläche zu den Zuschauern zeigt; dann kippen Sie die Finger und lassen die Gummibänder einfach in die Handfläche fallen. (Das ist mit Gummibändern gar nicht so einfach, wie es klingt. Diese Sequenz werden Sie oft üben müssen, denn die Gummis hüpfen leicht von der Handfläche.)

Mit der linken Hand gehen Sie dann in die linke Tasche und erwecken den Anschein, als suchten Sie nach einem Ring. Dabei ergreifen sie die verketteten Bänder in der Taschen, drücken sie in Form und verschließen sie in der Hand, die Sie einfach wieder aus der Tasche vorholen.

Anmerkung: *Bedenken Sie, daß die Zuschauer nicht wissen, was kommt. Da Sie die Hand zum Suchen eines Gegenstandes in die Tasche geführt haben und sie ohne große Geste wieder herauskam, wird jeder Zuschauer annehmen, daß sie leer ist. Kein Mensch wird vermuten, daß Sie etwas verbergen.*

Jetzt kommt der schwierigste Teil dieser Routine: Auf der rechten Hand befinden sich die einzelnen Gummibänder, die Sie nun durch Auflegen des Daumens dort festhalten (wichtig: auf beide Bänder). Die Hand dreht sich und kippt nach unten; Sie tun so, als ob Sie die Bänder in die linke Hand würfen, in Wirklichkeit hält der Daumen die Bänder fest. Parallel zu dieser Bewegung dreht sich auch die linke Hand mit den verketteten Bändern und öffnet sich. Ein wichtiges Zusammenspiel der Hände! In der Fachsprache heißt dieser Austausch „shuttle pass" (Abb. 4.1, 4.2).

Situation: *Einzelne Gummibänder verdeckt in der rechten Hand, durch den Daumen gehalten. Links die zusammenhängenden Bänder sichtbar auf der Handfläche.*

Nun schließt sich Ihre rechte Hand und geht in die rechte Tasche, um weiterhin nach dem Ring zu suchen. Um etwas von den Bändern auf der linken Hand abzulenken, führe ich auch immer meinen suchenden Blick mit der Handbewegung auf die Jackentasche. Die Gummibänder bleiben in der Tasche zurück.

Wenn sie mit dem Ring aus der Tasche kommen, muß gleichzeitig mit den Bändern auf der linken Hand folgendes passieren: Der Mittelfinger krümmt sich und legt sich in den Schnittkreis der beiden Gummibänder. (Stellen Sie sich ein Schnittmenge in der Mengenlehre vor – genau da sitzt der Finger.) Wenn Sie die Bänder nicht so halten, entdecken die Zuschauer beim Vorzeigen sofort, daß sie miteinander verbunden sind.

Kippen Sie die Hand nach unten, so daß die Bänder an Ihrem Mittelfinger hängen, und führen Sie den Daumen an die Mittelfingerspitze zum Halten der Gummis. In dieser Position können die Zuschauer Ihr Geheimnis nicht erkennen. (Abb. 4.3) Sie legen den Ring auf den Tisch, während Sie die Bänder immer noch in der linken Hand baumeln lassen. Nun bitten Sie die ausgewählte Dame, ihre rechte Hand zu öffnen. Sie bewegen Ihre linke Hand auf die Hand der Dame zu und sagen: „Wenn ich die Gummibänder in Ihre Hand fallen lasse, schließen Sie sie sofort ein und drehen die Hand nach unten." Die geforderten Gesten führe ich parallel zu meiner Rede immer mit meiner eigenen rechten Hand vor. So kann ich sicher sein, daß der Zuschauer meine Anweisungen verstanden hat.

Anmerkung: *Das Fallenlassen sollte aus geringer Höhe erfolgen. Bei etwa 10 cm Abstand sieht der Vorgang sehr fair aus.*

Mit der Rechten ergreifen Sie nun den Ring und legen ihn auf den Handrücken der Zuschauerin. So verhindern Sie ganz sicher, daß sie ihre Hand öffnet. Die Dame wird nun von Ihnen gebeten, ein Ende der Gummibänder etwas aus der Faust herauszuziehen.

Jetzt kommt der Ehemann ins Spiel: Er soll das sichtbar gewordene Ende vorsichtig ganz aus der Hand seiner Frau ziehen.

„Da es sich um eine wahrlich zauberhafte Verbindung handelt", hängen nun die beiden Gummibänder für die Zuschauer sichtbar ineinander.

That's magic! – und wieder ein schönes Souvenir für Ihre Zuschauer.

Psychologie

Diese Routine stellt durch die Präsentation einen für die Zuschauer interessanten Effekt dar. Wieder ist die Zauberei in den Händen der Zuschauer erfolgt; diesmal sind sogar zwei Personen beteiligt – besonders publikumswirksam wegen des Symbolgehaltes der Vorführung – ein Pärchen.

Obwohl die anfängliche Übergabe der wichtigste Teil ist, muß sie ganz beiläufig durchgeführt werden. Für den Zuschauer soll es wirklich so aussehen, als suchten Sie nur den Ring.

Die Handhaltung, mit der die Gummibänder in die Hand des Zuschauers fallen gelassen werden ist äußerst fair, denn das Publikum kann die ganze Zeit auf die Gummibänder schauen, ohne etwas zu bemerken. Wichtig ist nur, daß die Hand des Zuschauers nach dem Auffangen sofort geschlossen wird. Neben dem Austausch ist das die kritischste Stelle, denn die Zuschauer dürfen natürlich nicht erkennen, daß die Bänder bereits verkettet sind. Versuchen Sie sie bei allen Handhabungen möglichst übereinander liegen zu lassen.

Der Ring auf dem Handrücken der Zuschauerin hat eine psychologische Hemmfunktion. Sie wird immer bemüht sein, die Haltung zu bewahren, damit der Ring nicht herunterrutscht. So verhindern Sie ein vorzeitiges, unerwünschtes Öffnen der Hand.

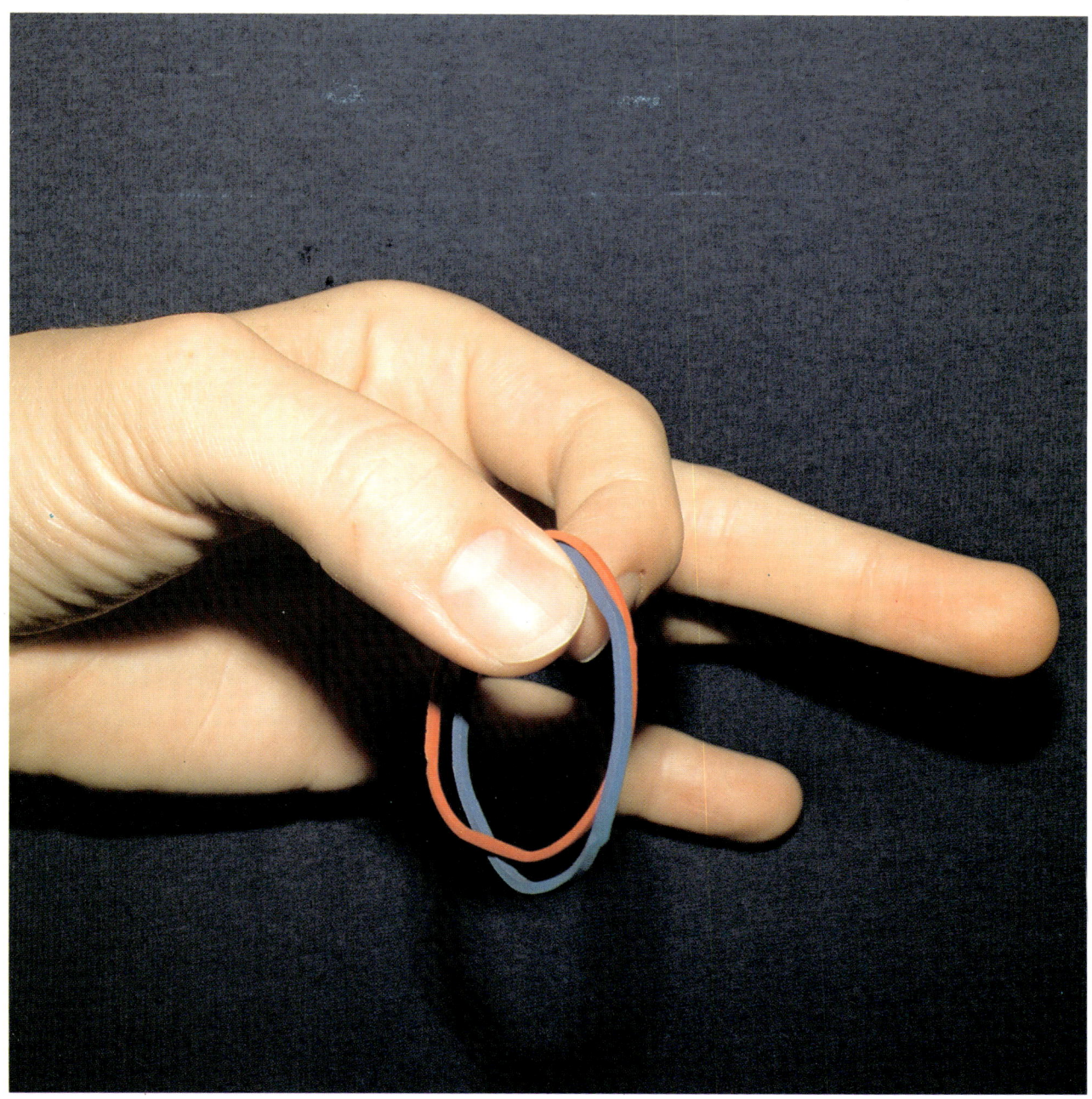

Abb. 4.3

Diese Routine ist ausgesprochen zuschauerorientiert.
Der Zauberer wirkt relativ unbeteiligt. Solche
Abläufe haben eine ungleich stärkere Wirkung als
Präsentationen allein vom Zauberer. Da das Geschehen sich praktisch in der Hand des Zuschauers
abspielt, hat er stets den Eindruck, alles unter Kontrolle zu haben. Der Effekt ist am Ende um so größer.

Abb. 5.1

Hoch hinaus

verblüffte Lachen des Publikums wird den Mitspieler auch darauf aufmerksam machen: seine freigewählte und signierte Karte „klebt" an der Stirn des Magiers.

Effekt

Ein gemischtes Kartenspiel wird bildoben ausgestreift. Ein Zuschauer darf eine Karte wählen und darauf seinen Namen schreiben. Er sieht die Karte nochmals an und gibt sie wieder zurück. Der Zauberer fügt sie in die Mitte des Päckchens und dreht sie in die richtige Richtung. Der Zuschauer gibt ihr den letzten Schubs, damit sie bündig mit den anderen liegt.

Schließlich soll er auch das Spiel noch durchmischen. Dabei dreht der Zauberer ihm den Rücken zu, um zu verstärken, daß er wirklich nicht sieht, an welcher Stelle sich die Karte befindet. Wenn der Zuschauer gut gemischt hat, dreht der Zauberer sich *langsam* um mit der Fragestellung: „Sind Sie fertig, können wir beginnen?"

Dabei ist der Fall schon längst abgeschlossen – das

Präparation

Keine – denn ein wenig Spucke hat ja jeder im Mund. Es sei denn, Sie ist Ihnen bei der Vorstellung dieser Präsentation weggeblieben...
Ich nehme an, Sie sind auch der Meinung, daß es sich hier um einen Supereffekt handelt, aber... Diesmal ist die notwendige Übung nicht ganz einfach. Da die Begeisterung hoffentlich überwiegt, fangen Sie am besten gleich an.

Vorführung

Diesmal streifen Sie das Spiel bildoben zu einem Kartenband auf dem Tisch aus. Ein Zuschauer darf sich eine Karte auswählen und schreibt seinen Namen darauf. Das ist schon etwas Besonderes, denn nor-

Abb. 5.2

malerweise hat man Hemmungen davor, auf diese massive Weise ein Kartenspiel zu verändern. Natürlich genügen auch die Initialen für das Kunststück, wenn die Runde etwas distanzierter ist. Neuerdings frage ich meine Mitspieler nach ihrem Sternzeichen, was sich ja ohnehin zum vielgeliebten Partythema entwickelt hat.

Während nun also geschrieben wird, schieben Sie die 31 restlichen Karten wieder zum Päckchen zusammen und nehmen es *bildunten* in die linke Hand. Darauf legen Sie *bildoben* die Karte des Zuschauers; sie liegt also entgegengesetzt.

Der linke Zeigefinger legt sich unter die rechte äußere Ecke des Kartenspiels. Ihr Daumen liegt auf der bildoben liegenden Karte des Zuschauers und Sie üben damit einen leichten Druck auf das Spiel aus. Ziehen Sie nun mit Ihrem Zeigefinger die unterste Karte ein bißchen zurück. Super, wenn alles richtig ist, müßte die Karte jetzt unten rechts ein wenig abstehen. (Abb. 5.1) Bis hier keine Probleme? Wenn doch, nicht verzweifeln. Schauen Sie sich in Ruhe nochmals die Fotos an, dann sehen Sie ganz klar, worauf es ankommt.

Sie brauchen einen Spalt zwischen der untersten Karte und dem restlichen Spiel. Um diesen Spalt zu halten, pressen Sie den kleinen Finger unten rechts gegen die Karten. Nun ist es nicht ganz einfach: Sie übergeben das Päckchen samt Spalt in die rechte Hand und zwar wie folgt: Legen Sie den Mittel- und den Ringfinger der rechten Hand an die obere Schmalseite. Gleichzeitig greift der Daumen der rechten Hand da, wo zuvor der kleine Finger saß, die Karten und läßt so den Spalt weiter bestehen. Ein Tip: Greifen Sie insgesamt weit rechts, dann kann der Zuschauer noch möglichst lange seine signierte Karte sehen.

Nun nehmen Sie die linke Hand weg und halten das Kartenpäckchen, wie eben beschrieben, nur noch in der rechten Hand. Ihr rechter Zeigefinger kommt nun auch noch zum Einsatz, deshalb müssen die Finger so weit rechts greifen. Sie legen ihn ebenfalls an die Schmalseite oben, wo bereits Mittel- und Ringfinger liegen. Der Zeigefinger hebt nun einen kleinen Teil des Päckchens an. (Abb. 5.2)

Abb. 5.3

Situation: *Daumen an der unteren Schmalseite, immer noch den Spalt haltend (unterste Kante). Zeigefinger, Mittel- und Ringfinger an der oberen Schmalseite, Zeigefinger hebt kleines Päckchen hoch.*

Wichtig: *Das Abheben des Kartenpäckchens mit dem Zeigefinger müssen Sie „trocken" üben, das heißt, Sie nehmen das gesamte Kartenpaket in die rechte Hand, wie beschrieben mit Daumen unten und Mittel- und Ringfinger oben, und versuchen einfach, ein paar Karten mit dem Zeigefinger abzuheben. Na, geht doch prima! Denken Sie daran, Mittel- und Ringfinger nicht zu verkrampft halten, sonst gelingt es dem Zeigefinger nicht, das kleine Päckchen anzuheben.*

Das vom rechten Zeigefinger abgehobene Päckchen soll nun zwischen Daumen und Zeigefinger der linken Hand eingeklemmt werden. Um das zu bewerkstelligen, wird das abgehobene Päckchen seitlich nach links verschoben. Der Zeigefinger führt die Bewegung aus, der Daumen bildet dafür den Drehpunkt. Die obere linke Ecke wird dann in der Daumengabel der linken Hand festgehalten. (Abb. 5.3) Jetzt übernehmen Sie das eingeklemmte Päckchen normal in

die Hand, das heißt, Sie brauchen nur noch die anderen drei Finger um die rechte Längsseite zu legen, und schon halten Sie das Spiel locker wie immer. Ah, Sie wußten schon vorher, was gemeint war? Um so besser.

Der linke Daumen schieb nun die *oberste* Karte des Päckchens ungefähr 3 cm nach rechts weg vom Päckchen. Mit Hilfe des Stapels in der rechten Hand wird diese Karte umgedreht, so daß sie bildunten auf dem linken Päckchen liegt. (Abb. 5.4)

Achtung: *Haben Sie auch nicht den Spalt vergessen? Den hält nämlich der Daumen der rechten Hand immer noch.*

Nachdem Sie die Karte mit Hilfe des rechten Päckchens umgedreht haben, legen Sie auch das *rechte* Päckchen leicht nach unten versetzt auf das linke Päckchen. Wichtig ist jetzt, daß Sie mit Mittel- und Ringfinger der rechten Hand die oberste Karte vom *jetzt unteren* Päckchen nach vorne schieben können. (Abb. 5.5)

Abb. 5.4, 5.5

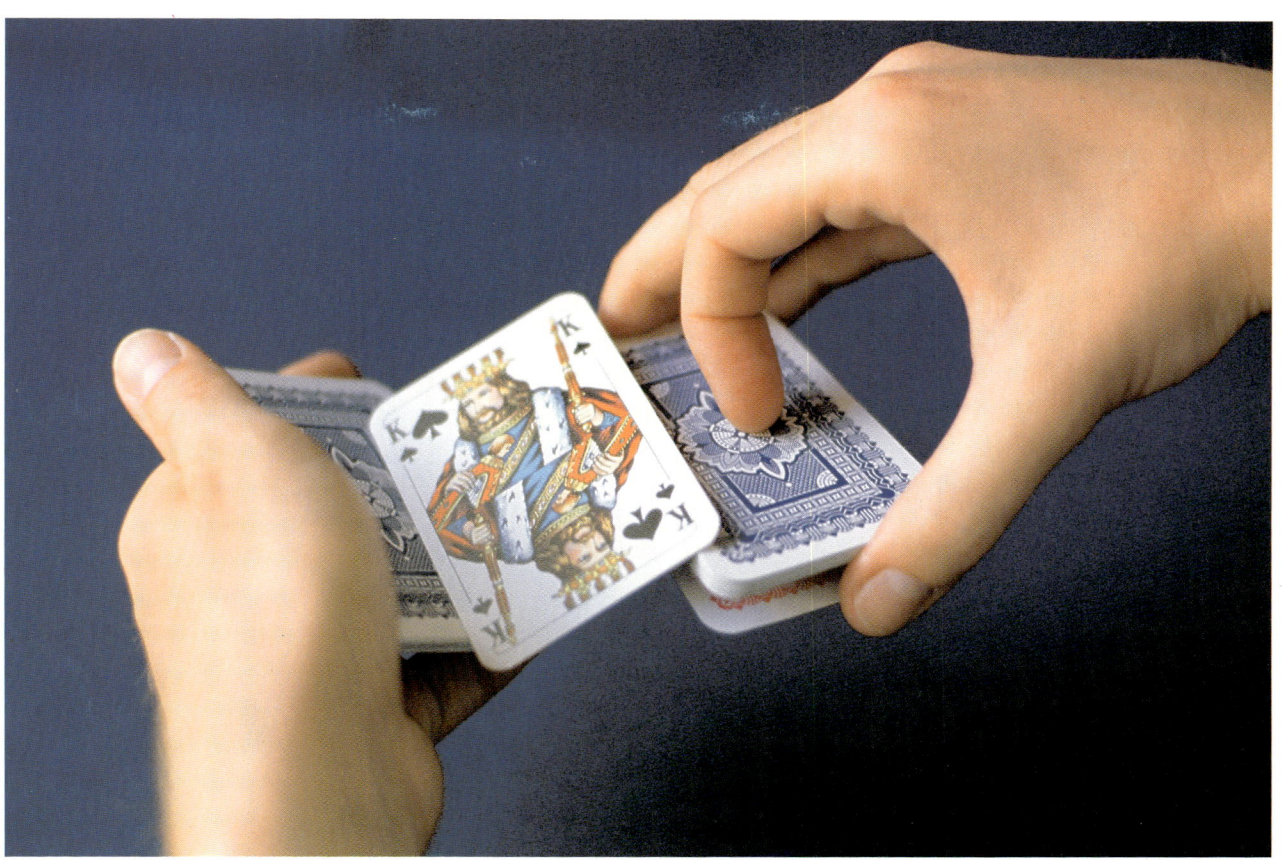

Abb. 5.6

Noch einmal: Mittel- und Ringfinger der rechten Hand berühren leicht die oberste Karte des untenliegenden Päckchens. Damit schieben Sie die Karte so weit nach vorne, bis die beiden Päckchen genau aufeinanderliegen und die Karte in der Mitte hervorschaut. Während der ganzen Zeit hält immer noch der Daumen die letzte Karte des rechten Päckchens ab. Diese wird jetzt an der Stelle losgelassen, so daß sie wieder normal auf den anderen Karten liegt. Dies ist der wichtigst Punkt in der ganzen Routine! Die Spaltkarte liegt jetzt also auf der Zuschauerkarte, die aus dem Spiel herausragt.

Nun drehen Sie das Handgelenk nach vorne auf den Zuschauer zu und zeigen ihm dabei seine Karte. Diese Bewegung verstärken Sie mit dem Zeigefinger der rechten Hand (hier ist sie!) und schaffen somit gleichzeitig die Deckung für diese Technik. (Abb. 5.6)

Drücken Sie anschließend das Päckchen der rechten Hand gegen die herausragende Karte und schieben sie auf gleiche Höhe mit den anderen. (Abb. 5.7)

Das Handgelenk wird in die ursprüngliche Position zurückgedreht. Die Rückseiten der Karten sind sichtbar. Der Zuschauer glaubt nun, daß seine Karte die oberste auf dem bilduntenliegenden Päckchen ist. In Wirklichkeit ist sie aber die *zweite* von oben. Im nächsten Schritt schiebt der linke Daumen die oberste Karte (scheinbar die gewählte) ungefähr in die Mitte des anderen Päckchens, bis sie nur noch ca. 2 cm vorsteht. Beide Päckchen liegen dabei bildunten. (Abb. 5.8, 5.9)

Hinweis: *Der Ablauf – Karte vorzeigen, Hineinschieben mit Hilfe des Päckchens, Zurückdrehen der Hand und Vorschieben der obersten Karte mit dem Daumen – muß absolut fließend erfolgen, die Bewegungen müssen nahtlos ineinander übergehen, denn dann ist der Zuschauer der festen Überzeugung, daß er seine Karte die ganze Zeit über unter Kontrolle halte.*
(Für mich sind solche visuellen Griffe besondere Leckerbissen. Ich sehe reizvollerweise von hinten ja genau auf die Karte, die ich gegenüber dem Zuschauer verborgen halte.)

Abb. 5.7–5.9

Sie legen das Päckchen mit der herausstehenden Karte, die der Zuschauer für seine hält, auf den Tisch, und der Zuschauer selbst darf die Karte ganz in das Päckchen schieben. Währenddessen drehen Sie sich um und wenden dem Publikum den Rücken zu. Ohne daß die Zuschauer es sehen, geht es nun für Sie weiter:

Sie stehen umgedreht, und ihr linker Daumen schiebt die oberste Karte (die tatsächliche Zuschauerkarte) ein wenig vor, immer noch bildunten (Abb. 5.10). Diese Karte führen Sie an den Mund und lecken sie leicht an, auch wenn das nicht gerade fein ist. Sie kleben sie damit an Ihrer Stirn fest. (Bei sommerlichen Temperaturen genügt schon Ihr eigenes Hautfett als Kleber. Probieren Sie es aus!) Sie bleiben umgedreht und geben dem Zuschauer die restlichen Karten, die er gründlich mischen soll. Es erscheint der Eindruck, daß Sie beim Umdrehen nur vergessen hätten, ihm die Hälfte des Kartenspiels auch noch zu geben. Während er mischt, drehen Sie sich langsam um und sehen ihm zu.

Die anderen Zuschauer werden durch ihr Lachen und Staunen dem aktiven Zuschauer demonstrieren, daß etwas völlig Unerwartetes passiert ist: Seine signierte Karte klebt an Ihrer Stirn!

Für diese mordsmäßige Arbeit werden Sie sicher einen starken Applaus ernten.

Auch wenn die Beschreibung dieser Routine recht lang ist und vielleicht kompliziert wirkt, ist es doch eine ganz schnelle Vorführung, eigentlich mehr ein Gag, der sich immer einbauen läßt. Die Lacher sind Ihnen dabei sicher.

Psychologie

Diese Routine birgt eine große Situationskomik in sich. Während der mitwirkende Zuschauer noch damit beschäftigt ist, die Karten zu mischen, klebt die unterschriebene Karte schon längst an Ihrer Stirn. Bei dieser Vorführung wird nicht nur gestaunt, es wird auch herzlich gelacht werden, denn der Mischende ist durch seine besondere Aufgabe und die dadurch exponierte Stellung unter den Zuschauern so engagiert, daß er die Karte an Ihrer Stirn gar nicht bemerkt. Sie verstärken die Bedeutung des Mischens noch, indem Sie den zweiten Kartenstapel abgeben, wenn Sie sich bereits rumgedreht haben. Mit der Aufforderung, das Spiel gründlich durchzumischen, liegt zwischen der Trickhandlung und dem Effekt genug Zeit, so daß der Zuschauer hinterher ganz sicher ist, das komplette Spiel die ganze Zeit in seinen Händen gemischt zu haben.

Ein gewisses Gefahrenmoment kann durch Zuschauer entstehen, die sich direkt seitlich neben Ihnen befinden. So kann es schon einmal vorkommen, daß der eine oder andere Beobachter früher als die anderen die an Ihrer Stirn klebende Karte bemerkt. Das mindert aber nicht den Gesamteffekt, denn der eigentlich betroffene Zuschauer wird immer ganz zum Schluß merken, wo die Karte abgeblieben ist.

Abb. 5.10

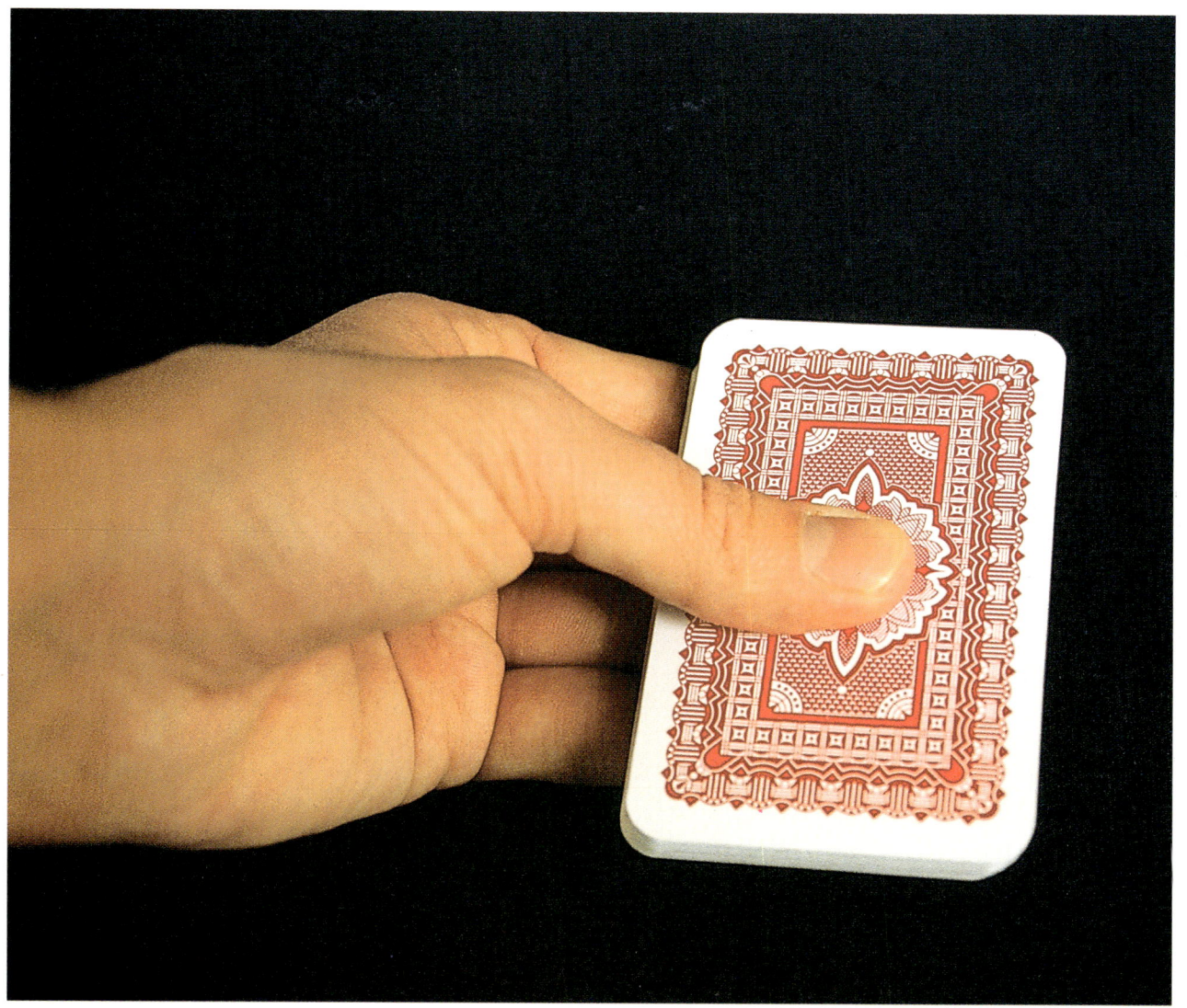

Abb. 6.1

Bunt gemixt

Effekt

Der Zauberer legt einen grünen Würfel in seine Hand und verschließt diese. Dann klopft er mit einem roten Stift auf die Faust. Wenn er sie öffnet, hat sich der grüne Würfel rot gefärbt.

Es geht noch weiter:

Ein Zuschauer darf sich aus vorgezeigten Farbtafeln eine Farbe aussuchen, die der Würfel in seiner eigenen Hand annehmen soll. Tatsächlich hat der Würfel, wenn der Zuschauer die Hand öffnet, seine Wahlfarbe angenommen – und gleichzeitig alle anderen Grundfarben!

Präparation

Zubehör:

- 1 grüner und 1 roter Würfel (normale Würfelgröße oder besser: etwas vergrößert)
- 27 Miniwürfel in verschiedenen Farben, in Rot, Grün, Gelb, Blau, Schwarz und Weiß
- Fester Pappkarton in genau den Farben Ihrer Miniwürfel
- 1 auffälliger roter Stift

Aus den 27 Miniwürfeln setzen Sie mit Sekundenkleber einen großen, buntgemixten Würfel zusammen. Aus dem Pappkarton fertigen Sie eine Farbpalette. Dazu schneiden Sie Karton in gleicher Größe aus, lochen diese am besten in einer Ecke und ziehen ein Band durch das Loch. So läßt sich die Pappe auffächern.

Abb. 6.2

Bevor Sie starten, müssen Sie selbst präpariert sein: Grüner Würfel in der linken äußeren Jackettasche. Ebenda die Farbpalette. Roter Würfel mit dem mehrfarbigen Wunderwürfel in der rechten, äußeren Jakkettasche. In der Innentasche oben links der rote Stift. Nach diesen Vorarbeiten kann es losgehen.

Vorführung

Mit beiden Händen gehen Sie gleichzeitig in die Außentaschen des Jacketts und ergreifen links den grünen und rechts den roten Würfel. Kommen Sie zuerst mit dem grünen Würfel aus der Tasche. Öffnen Sie Ihre Hand und lassen den Würfel auf den Tisch rollen. Während dieses Ablaufs haben Sie die rechte Hand samt rotem Würfel aus der Tasche genommen.

Prima: Sie arbeiten bereits perfekt mit „time misdirection", Ablenkung durch Zeitverzögerung. Niemand würde jetzt annehmen, daß Sie einen weiteren Würfel in Ihrer Hand „geladen" haben.

Den roten Würfel halten Sie in der Fingerpalmage (Abb. 6.1). Das ist ein Griff, den jeder Zauberer beherrschen muß, denn er vermittelt dem Zuschauer glaubhaft die Ansicht, die Hand sei leer. Dabei wird im Inneren der Hand der Würfel auf Mittel- und Ringfinger gehalten und nur leicht gebogen wird der Handrücken dem Publikum zugewandt. Jetzt nehmen Daumen und Zeigefinger der rechten Hand den grünen Würfel vom Tisch auf (Abb. 6.2).

35

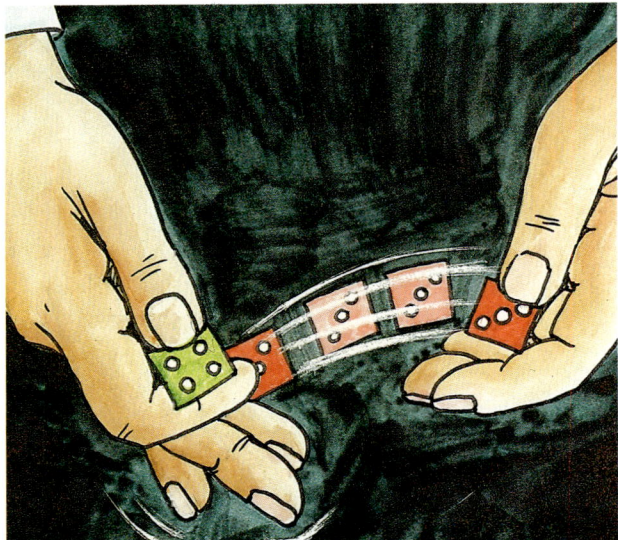

Es erfolgt der Würfelaustausch: Die linke Hand ist mit dem Handteller nach oben geöffnet, die Finger leicht nach oben gekrümmt. Nun bewegt sich die rechte Hand von vorne nach hinten auf die linke Hand zu. Achtung: jetzt werfen Sie den *roten* Würfel aus der Fingerpalmage der rechten Hand in die linke, die sofort geschlossen wird. Das Publikum glaubt, dies sei der *grüne* gewesen (Abb. 6.3–6.7). Während diesen Vorgangs lassen Sie den grünen Würfel in die rechte Hand zurückrollen. Er muß sich nun genau an der Position befinden, wo zuvor der rote Würfel gelegen hat (Fingerpalmage) (Abb. 6.8).

Anmerkung: *Beachten Sie, daß beim Werfen die Entfernung der Hände voneinander möglichst gering sein sollte. Das erleichtert einerseits das Werfen und läßt andererseits den Trick für Ihre Zuschauer unsichtbar. Beim Einüben vor dem Spiegel werden Sie mir Recht geben, daß etwa 10 cm ein sinnvoller Abstand sind.*

Abb. 6.3–6.5 vom Zuschauer aus gesehen

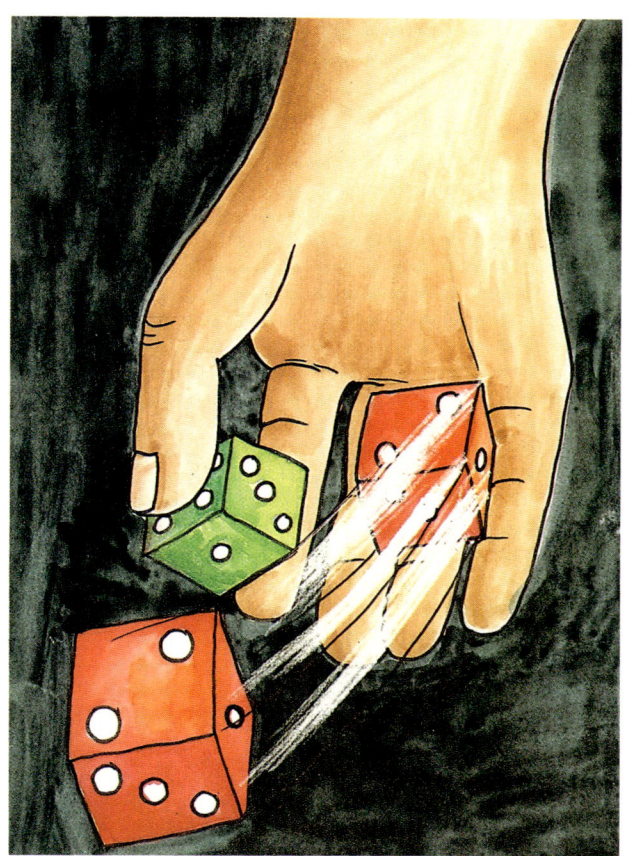

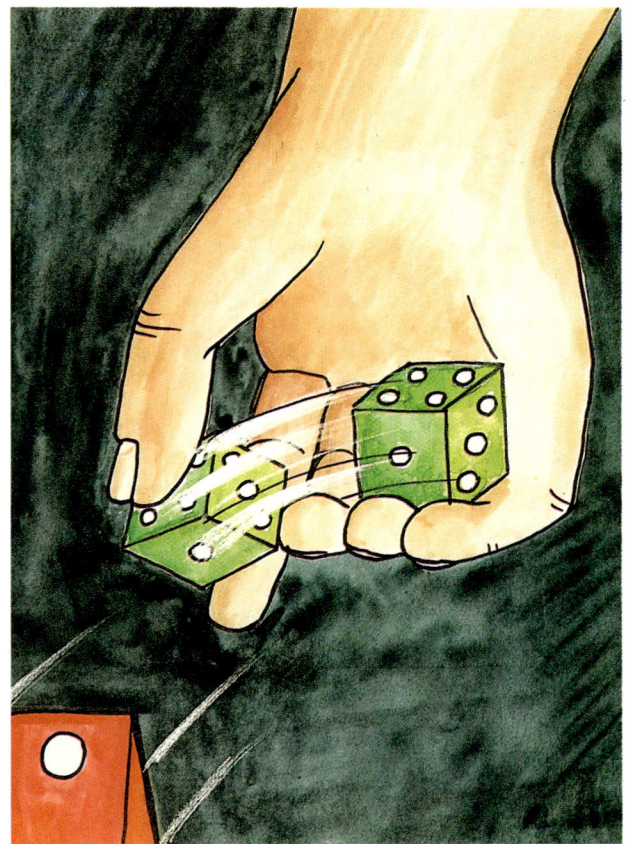

Abb. 6.6 und 6.7 vom Zauberer aus gesehen

Abb. 6.8

Gehen Sie nun mit der rechten Hand in die Innentasche Ihres Jacketts. Während Sie den roten Stift ergreifen, lassen Sie den grünen Würfel dort fallen. Weil dies sehr routiniert erfolgen muß, damit es für den Zuschauer wie *eine* Bewegung aussieht, empfehle ich Ihnen, solche Abläufe mit einem Zählrhythmus zu üben, Bei 1: Hand geht mit Würfel in Palmage zum Jackett, bei 2: Würfel wird in der Innentasche losgelassen, bei 3: ergreift die Hand den roten Stift.

Bei einem harmonischen Ablauf registriert der Zuschauer lediglich, daß Sie den roten Stift aus Ihrer Innentasche geholt haben. Den Stift fassen Sie mit Daumen und Zeigefinger.)

Klopfen Sie nun mit dem Stift auf Ihren linken Handrücken, danach legen Sie den magischen Helfer ab. Er wird nicht mehr benötigt. Sie öffnen die Hand und lassen den roten Würfel auf dem Tisch „kullern“. Anschließend gehen Sie wieder mit beiden Händen in die Außentaschen. Während die rechte Hand den mehrfarbigen Würfel ergreift und in Position bringt (Fingerpalmage), holt die linke Hand die Farbpalette aus der Tasche.

Wiederum kommt die linke Hand mit der Palette zuerst aus der Tasche, das heißt, die Aufmerksamkeit des Zuschauers richtet sich ganz auf die Farbtafeln.

Fächern Sie die Farbpalette mit Hilfe von Daumen und Zeigefinger der linken Hand etwas auf. Bitten Sie einen Zuschauer, sich eine der Farben auszuwählen. Wenn er das getan hat, ergreifen Sie mit Daumen und Zeigefinger den roten Würfel, der noch auf dem Tisch liegt (Abb. 6.9). Jetzt erfolgt, genau wie zuvor, der Wurfaustausch. Diesmal allerdings wandert der buntgemixte Würfel von rechts nach links, während der rote Würfel rechts in der Fingerpalmage zurückbleibt (Abb. 6.3–6.7). Sofort auf den Wurf folgend, ergreifen Sie mit rechts die Palette und stecken sie in die rechte Tasche. So hat der Zuschauer eine plausible Erklärung für den Würfelaustausch: der Zauberer will scheinbar die rechte Hand freihaben, um die Palette greifen zu können.

Beim Zurückstecken der Farbpalette haben Sie selbstverständlich auch den roten Würfel aus der Palmage in der Tasche zurückgelassen, vom Publikum absolut nicht zu bemerken. Für die Zuschauer haben sie lediglich die Farbpalette wieder eingesteckt.

Abb. 6.9

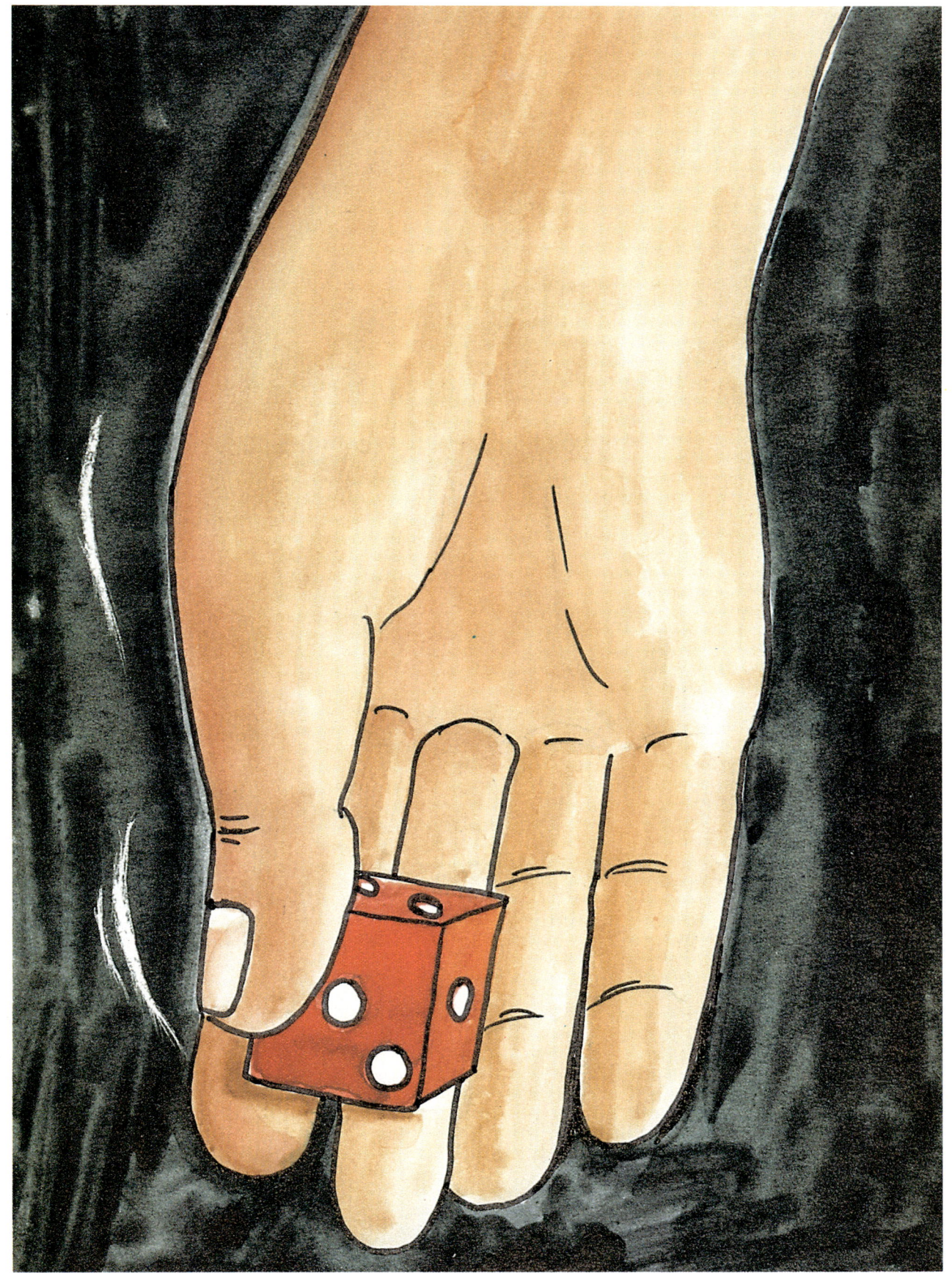

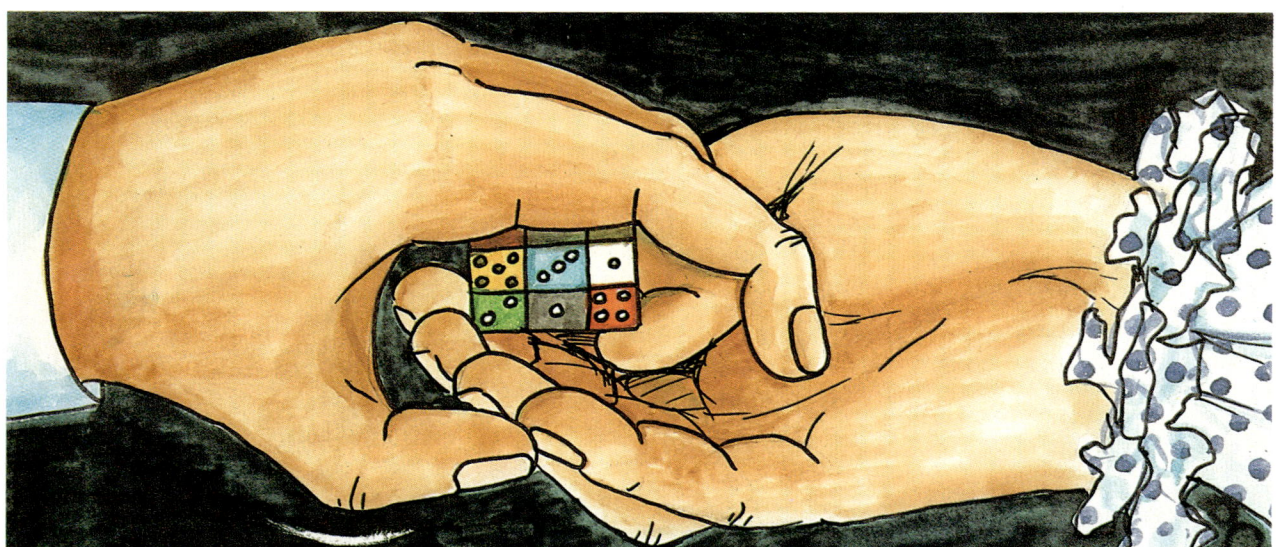

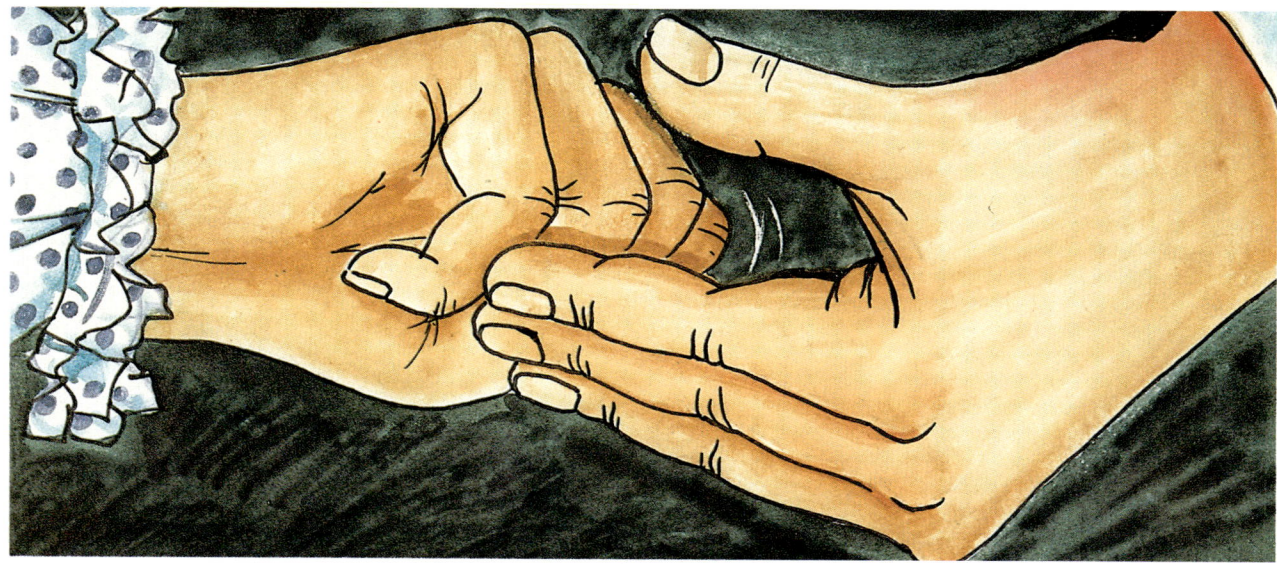

Jetzt fragen Sie, eher beiläufig, den Zuschauer nach der Farbe, die er sich vorher ausgewählt hat. Nehmen wir an, er nennt die Farbe Gelb.

Den mehrfarbigen Würfel in der Palmage, bitten Sie den Zuschauer, seine rechte Hand aufzuhalten.

Gehen Sie mit Ihrer Hand direkt *über* die des Zuschauers und lassen Sie den Würfel ungesehen fallen. Sofort schließt Ihre Hand die rechte Hand des Zuschauers. Dazu drücken Sie leicht mit Ihrem Daumen gegen die Unterseite seiner Finger, so daß Ihre Finger vier Finger vor dem Würfel sind und ihn decken. Langsam ziehen Sie Ihre Finger weg und schließen gleichzeitig die Hand des Zuschauers (Abb. 6.10–6.12). Mit einer Drehung Ihres Handgelenkes erreichen Sie, daß auch der Zuschauer seine Faust nach unten dreht. Dies ist äußerst wichtig, weil er in dieser Stellung die Hand gewiß nicht öffnen wird, um eventuell schon einen Blick zu riskieren. Denn sollte der Würfel auch nur minimal zu sehen sein, geht dieser wirklich gute Effekt verloren.

Anmerkung: *Wenn Sie jetzt Angst haben, der Zuschauer könnte bemerken, daß der Würfel etwas größer oder unförmiger ist, das ist höchst unwahrscheinlich, denn er hatte ja vorher keinen der anderen beiden in der Hand und somit keine Vergleichsmöglichkeit.*

Zum guten Schluß bitten Sie den Zuschauer: „Konzentrieren Sie sich genau auf Ihre Farbe".

Der Zuschauer öffnet die Hand und wird lachend feststellen, daß seine gewählte Farbe *dabei* ist!

Psychologie

Diese Routine baut sich sehr geschickt auf. Zuerst wird ein grüner in einen roten Würfel verwandelt. Anschließend kündet man etwas für den Zuschauer völlig unmögliches an, nämlich, daß man auch noch den Würfel in eine Farbe seiner Wahl umfärben kann. Die Spannung wird durch das Nennen der Farbe wesentlich erhöht, da der Zuschauer die Auswahl zwischen mindestens sechs Farben hat.

Bei der Vorführung kommt ein wichtiges Grundprinzip der Ablenkung zur Geltung: Wenn sie mit beiden Händen in die Taschen gehen, ist es besonders wichtig, daß Sie mit der Hand, auf die die Aufmerksamkeit gelenkt werden soll, zuerst aus der Tasche herauskommen. Denn die Hand, die sich als Erste bewegt, zieht die Blicke der Zuschauer auf sich, während die andere Hand gar nicht wahrgenommen wird.

Der Wurfaustausch sollte so beiläufig wie möglich erfolgen. Durch das Hervorholen des Stiftes ist das Herüberwerfen des Würfels völlig logisch begründet, so daß die Zuschauer keine andere Handlung vermuten.

Eine kritische Situation könnte entstehen, wenn Sie den mehrfarbigen Würfel in die Hand des Zuschauers legen. In diesem Moment sollten Sie Blickkontakt suchen, um die Aufmerksamkeit von den Händen wegzulenken. Es empfiehlt sich, für diese Vorführung einen nicht allzu kritischen Zuschauer auszuwählen, dann nehmen Sie gewiß auch diese „Hürde".

Klugerweise werden Sie diese Routine nicht an den Anfang Ihrer Schau stellen, sondern eher dann einsetzen, wenn Sie Ihr Puplikum schon gewonnen haben.

Abb. 6.10–6.12

Die anhängliche Karte

Effekt

Während Sie ein Kartenspiel zwischen den Händen ausstreifen, bitten Sie einen Zuschauer, auf eine Karte zu tippen, die er sich dann gut einprägen soll. Anschließend geben Sie das Spiel zum Mischen aus der Hand. Sie lassen sich die anderen Karten zurückgeben und erklären dem Zuschauer, daß Sie an seiner Reaktion erkennen werden, welche Karte er gewählt hat. Nacheinander zeigen Sie ihm in einem kleinen Kartenfächer jeweils fünf Karten vor und fragen: „Ist Ihre Karte hier dabei?" Sie achten darauf, daß Ihr Partner genügend Zeit hat, seine Karte in einem der Fächer zu entdecken, und legen, nachdem er sie erkannt hat, diese fünf Karten bildunten auf den Tisch. Zur Markierung stanzen Sie nun mit einem Bürolocher ein Loch durch alle fünf Karten. Während Sie dann dem Zuschauer die Karten einzeln vorzählen, ermahnen Sie ihn, seinen Blick genau auf die Karten zu richten. Sie fragen ihn nochmals, ob er seine Karte gesehen hat. Dies wird er bejahen und soll sich dann auf diese Karte setzen.

Nun hat Ihr Zuschauer ein Pokerface: „An Ihrer Reaktion kann ich überhaupt nichts erkennen! Da ich mir nicht sicher bin, welches Ihre gewählte Karte ist, werde ich einen kleinen Helfer zu Rate ziehen. „Sie zeigen auf einen kleinen Anhänger, der aus Ihrer Brusttasche baumelt. Den ziehen Sie mit der Karte, Bildseite zu Ihnen gewandt, heraus. „Hatten Sie den Herzkönig?" – „Nein? ... Dann war es ...!" Die Überraschung ist gelungen, am Anhänger befindet sich die gelochte Karte des Mitspielers!

Um zu beweisen, daß es sich tatsächlich um seine Karte handelt, bitten Sie ihn zu überprüfen, auf wievielen Karten er sitzt. Wenn er sich erhoben hat, wird er feststellen, daß seine Karte nicht mehr auf seinem Sitz liegt. Oh, là là, der Erfolg ist groß!

Präparation

Zubehör:

- 2 Skatspiele
- 1 Locher (besonders schön ist eine Miniversion der üblichen Bürolochers)
- 1 Schlüsselanhänger (am besten paßt eine flache, runde Scheibe mit einem lustigen Motiv)

In eine Spielkarte (hier Herz Zehn) wird mitten auf die Schmalseite ein Loch gestanzt. Diese Karte wird als Duplikat benutzt. Sie stammt aus dem zweiten Spiel. Wenn Sie das jetzt für Verschwendung halten, bedenken Sie, daß Sie diese Manipulation mit nur zwei Spielen 32mal vorführen können, nämlich jeweils mit einer anderen Karte.

Durch das Loch ziehen Sie nun mit etwas Geschick den Schlüsselanhänger (Abb. 7.1.). Vorsichtig, damit die Karte nicht völlig zerknittert wird, denn das wirkt hinterher nicht sehr überzeugend. Die Karte am Anhänger kommt, Bildseite zum Körper gewandt, in ihre Brusttasche. Bei dem normalen Kartenspiel, daß Sie sich in die Jackentasche stecken, liegt die Herz Zehn als oberste Karte.

Abb. 7.1

Abb. 7.2: Achtung! Aufnahmen von unten. Zuschauer sieht die Karten natürlich von oben.

Abb. 7.3: Die Karte wird hier extra nicht verdeckt gehalten. Siehe auch Abb. 7.2

Vorführung

Legen Sie das Kartenspiel in Ihre linke Hand. Der linke Daumen schiebt die oberste (Herz Zehn) in die rechte Hand. Situation: 31 Karten in der linken und Herz Zehn bildunten in der rechten Hand. Die Karten werden nun fächerartig auf die Herz Zehn in der rechten Hand geschoben (Abb. 7.2). Achten Sie darauf, daß die Herz Zehn durch die anderen Karten stets verdeckt bleibt. Halten Sie während des Ausstreifens der Karten das Spiel generell leicht nach unten, damit ist gewährleistet, daß die Herz Zehn,

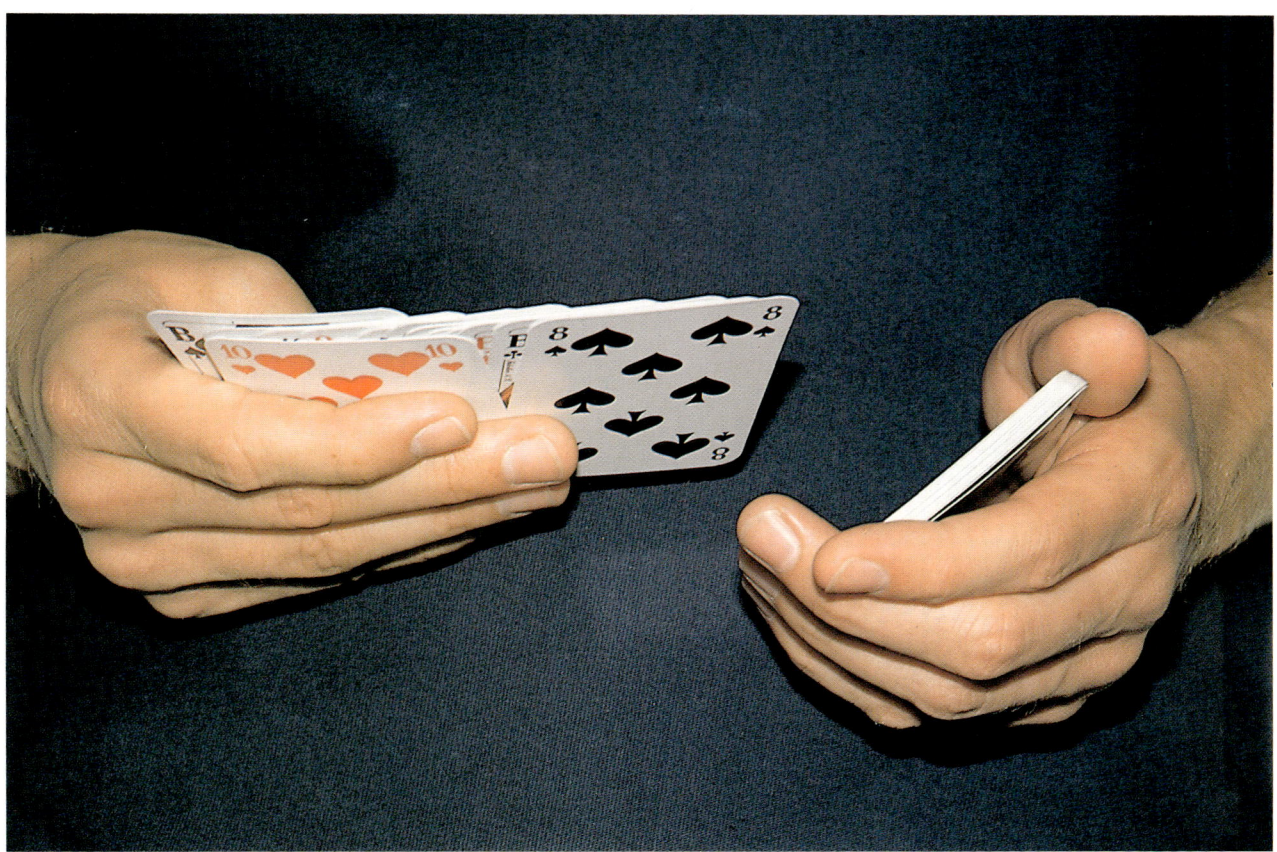

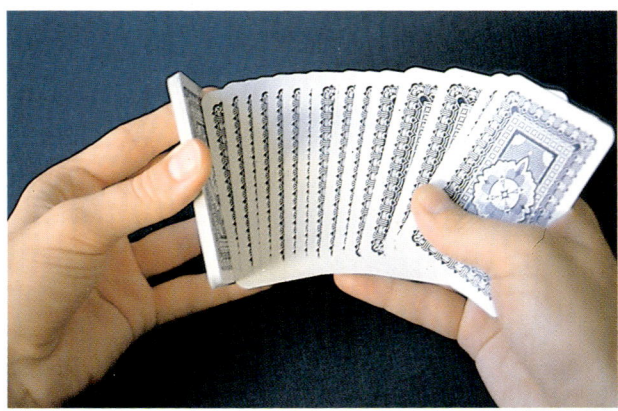

Abb. 7.4–7.6

die Sie unter das Spiel schieben, nicht zu sehen ist
(Abb. 7.3).

Fordern Sie jetzt einen Zuschauer auf, auf eine
Karte aus dem Fächer zu tippen. Dann teilen Sie das
Spiel genau hinter der gewählten Karte (Abb. 7.4).
Herz Zehn bleibt immer noch die unterste Karte des
rechten Fächers. Schieben Sie diesen Fächer zusam-
men, indem Sie das Päckchen der linken Hand senk-
recht halten und gegen den Fächer drücken.
(Abb. 7.5, 7.6).

Achten Sie darauf, daß beim Zusammenschieben die Karten hintereinanderlaufen. Die Herz Zehn *muß* unterste Karte bleiben. Diesen Vorgang erleichtern Sie sich, wenn Sie die Herz Zehn und die gefächerten Karten möglichst locker auf der rechten Hand halten. Jetzt zeigen sie dem Zuschauer die Bildseite seiner gewählten Karte, indem Sie einfach das Päckchen hochhalten. Er zieht die unterste Karte, die Herz Zehn ist somit seine frei gewählte Karte (Abb. 7.7)!

Der hier beschriebene Ablauf heißt: „Forcieren", einer der Hauptgriffe der Kartenzauberei. Durch dieses Zusammenschieben der Karten auf eine untenliegende, verdeckte, hat der Zuschauer immer den Eindruck, seine ausgewählte Karte sei unter das Päckchen gelangt. Da er sie ja vorerst nicht mit der Bildseite gesehen hat, wird er immer davon ausgehen, daß die unterste Karte, die Sie ihm dann zeigen, die Karte seiner Wahl ist.
Nun legen sie das rechte Kartenpäckchen auf das in der linken Hand.

Abb. 7.7, 7.8

Abb. 7.9

Situation: *Herz Zehn ist etwa in der Mitte des Spiels.*

Anschließend übergeben Sie wahrhaftig das Spiel dem Zuschauer zum Mischen!

Sie bekommen das Spiel zurückgereicht. Greifen Sie mit der linken Hand zu. Mit dem Daumen schieben Sie dann fünf Karten in Ihre rechte Hand, so daß ein Fächer entsteht. Diese fünf zeigen Sie mit der Bildseite dem Zuschauer. Seine Karte ist nicht beim ersten Mal dabei, so werfen Sie die Karten auf Ihre Unterlage, diesmal wieder bildunten (Abb. 7.8, 7.9). Wiederholen Sie das so lange, bis sich die gewählte Karte in einer Fünfergruppe befindet und der Zuschauer es Ihnen mitteilt. Auch diese fünf Karten legen Sie schließlich bildunten, aber separat, auf den Tisch. Die übrigen Karten werden einfach kurz zu einem Päckchen zusammengeschoben. Jetzt stanzen Sie mit Ihrem Locher in jede der fünf relevanten Karten an der Schmalseite ein Loch.

Hinweis: *Bitte lochen Sie die Karten einzeln und legen Sie dann bildoben auf den Tisch. Der Vorgang soll so beiläufig wie möglich aussehen. Der Zuschauer darf hier nicht das Gefühl haben, daß irgendwie manipuliert wird. Und noch etwas: die Herz Zehn muß unbedingt in der Mitte der fünf Karten liegen – das können Sie beim Zurücklegen nach dem Lochen beeinflussen.*

Situation: *Fünf Karten liegen gelocht bildoben nebeneinander, die Herz Zehn in der Mitte.*

Abb. 7.10

Nun nehmen Sie die fünf Karten zum Päckchen zusammen und legen sie bildoben auf das restliche Kartenspiel. Sie halten das ganze Spiel in der rechten Hand und ziehen mit dem linken Daumen die oberste Karte in die linke Hand. Das passiert auch mit Karte Nr. 2 (Abb. 7.10.). Ebenfalls Karte Nr. 3 – richtig, das ist die Herz Zehn. Unter dieser Karte halten sie nun mit dem linken kleinen Finger einen Spalt, der für die Zuschauer nicht zu sehen sein darf. (Auch eine wichtige „magische Technik".) Während Sie oben die vierte Karte abziehen, gehen Sie mit der linken Hand gleichzeitig genau unter das Spiel, so daß die Herz Zehn darunter verschwindet (Abb. 7.11). Die Finger, die das große Päckchen halten, Daumen, Mittel- und Ringfinger, greifen zu und halten die Herz Zehn unten fest.

Im nächsten Griff ziehen Sie wie bisher die oberste Karte (die fünfte) ab.

Dieses Abziehen und gleichzeitige Abgeben darf natürlich unter keinen Umständen sichtbar werden. Zur Vermeidung achten Sie auf rhythmisches Abziehen und Vorzählen sowie deckungsgleiches Halten der Karten.

Situation: *Die Herz Zehn liegt bildoben unter dem Päckchen der rechten Hand, für die Zuschauer nicht sichtbar. Die anderen Karten liegen normal in der linken Hand. „Es ist ja nichts passiert."*

Hinweis: *Die fünf Karten in der linken Hand müssen immer ein wenig zusammengehalten beziehungsweise gedrückt werden. So sieht das Publikum gar nichts. „Egalisieren" Sie Ihre Karten.*
Geben Sie jetzt nicht auf, denn der Hammer kommt ja noch.

Wenn Sie Karte Nr. 5 abgezogen haben, (Sie halten vier! separat) sagen Sie, Ihrem Zuschauer ins Pokerface blickend: „Haben Sie Ihre Karte gesehen? Bei Ihnen sieht man ja gar keine Reaktion. Setzen Sie sich doch bitte auf die Karten." Reichen Sie dem Zuschauer die Karten bildunten als Päckchen zu.

„Ich könnte natürlich jetzt raten, welche Karte Sie gewählt haben, aber das hat nichts mit Zauberei zu tun. Darum frage ich lieber meinen kleinen „Anhänger", ob er mir helfen kann." Jetzt bluffen Sie Ihren Zuschauer. Sie ziehen Anhänger und Karte langsam heraus und fragen, auf die Karte schauend „Hatten

*Abb. 7.11 Herz Zehn geht genau unter das Spiel.
Hier nur zur Verdeutlichung*

Sie ...?" (Nennen Sie bitte immer eine der fünf Karten aus dem Fächer, in dem auch die Herz Zehn war. Wenn Sie irgendeine nennen, ergibt das wenig Sinn.)
Der Zuschauer frohlockt, also doch kein Zauberer.
Sie drehen die Karte am Anhänger um – „dann hatten Sie sicher die Herz Zehn!"
Wieder einmal haben *Sie* gewonnen. Gratulation!

Psychologie

Bei dieser Routine bringen Sie durch die Behauptung, daß Sie an der Reaktion des Zuschauers erkennen können, welche Karte er gewählt hat, den Zuschauer dazu, daß er sich bewußt überhaupt nichts anmerken lassen wird. Das wird Ihrerseits dadurch verstärkt, daß man ja tatsächlich nichts erkennen kann. Ihre Handlungen laufen ruhig und gleichförmig ab. Wenn Sie an der entsprechenden Stelle den Hilflosen spielen, ist der Effekt um so stärker.

Beim Vorzählen der Karten muß das Publikum absolut davon überzeugt sein, daß es sich um fünf Karten handelt. Der Gedanke an ein Duplikat wird gar nicht erst aufkommen, denn durch Ihre Präsentation sind alle Zuschauer überzeugt davon, daß der Mitspieler sich auf fünf Karten gesetzt hat. Sie erreichen diese Täuschung durch das rhythmische

Abziehen und Vorzählen der Karten und können den Effekt noch verstärken durch die Frage: „Haben Sie Ihre Karte gesehen?". Durch seine positive Antwort bestätigt der Zuschauer nicht nur Ihnen die Situation, sondern vor allem auch sich selbst und dem übrigen Publikum.

Ein gutes Hilfsmittel zum Üben – speziell für Abzählroutinen und generell für alle rhythmischen Abläufe – ist ein Metronom. Lachen Sie nicht, es funktioniert wirklich toll.

Wenn Sie den Anhänger aus der Tasche hervorziehen und eine falsche Karte nennen, ist der Zuschauer hundertprozentig davon überzeugt, daß Sie sich geirrt haben. Schauen Sie überrascht und enttäuscht drein. Der Zuschauer freut sich innerlich und rechnet nicht mehr mit dem Gelingen des Kunststückes, denn für die meisten Leute ist es noch ein zusätzliches Vergnügen, wenn sie den Zauberer

„überlistet" haben. Also nochmals eine Verstärkung des Effektes.

Nachdem der mitspielende Zuschauer den Anhänger untersucht hat, lassen Sie am besten die Duplikatskarte, die noch unter dem Spiel liegt, in Ihrer Tasche verschwinden.

Es gibt immer wieder Zuschauer, die auch nach Ablauf einer Vorführung nach Duplikaten Ausschau halten, weil sie schon davon gehört haben, daß Zauberer mit doppelten Karten arbeiten. Bedenken Sie immer alle Eventualitäten, dann sind Sie vor peinlichen Entdeckungen geschützt.

Überreichen Sie entweder die Karte am Anhänger, oder reißen Sie die Karte ab und geben diese als Souvenir mit, so bleiben Sie lange in zauberhafter Erinnerung.

Abb. 8.1

Fünfer raus!

Effekt

Der Vorführende holt aus seiner Tasche einen Geldbeutel, in dem sich drei verschiedene Münzen befinden, und leert ihn auf den Tisch aus. Die größte Münze, in diesem Fall ein Fünfmarkstück, verschwindet aus seiner Hand, wenn er mit einem Stift auf den Handrücken klopft.

Danach taucht sie im geschlossenen Geldbeutel wieder auf, der die ganze Zeit über unberührt auf dem Tisch lag. Nachdem der Zauberer sie erneut aus dem Portemonnaie genommen hat, läßt er sie schließlich ganz verschwinden.

Präparation

Zubehör:

- 1 möglichst kleiner Geldbeutel
- 2 Fünfmarkstücke, 1 Groschen, 1 Pfennig
- 1 schöner Stift

Im Portmonnaie liegen die Münzen, die Fünfer unbedingt nebeneinander, nicht übereinander. Den Geldbeutel brauchen Sie in der rechten Jackentasche, den Stift in der äußeren linken Brusttasche. Und zehn talentierte Finger...

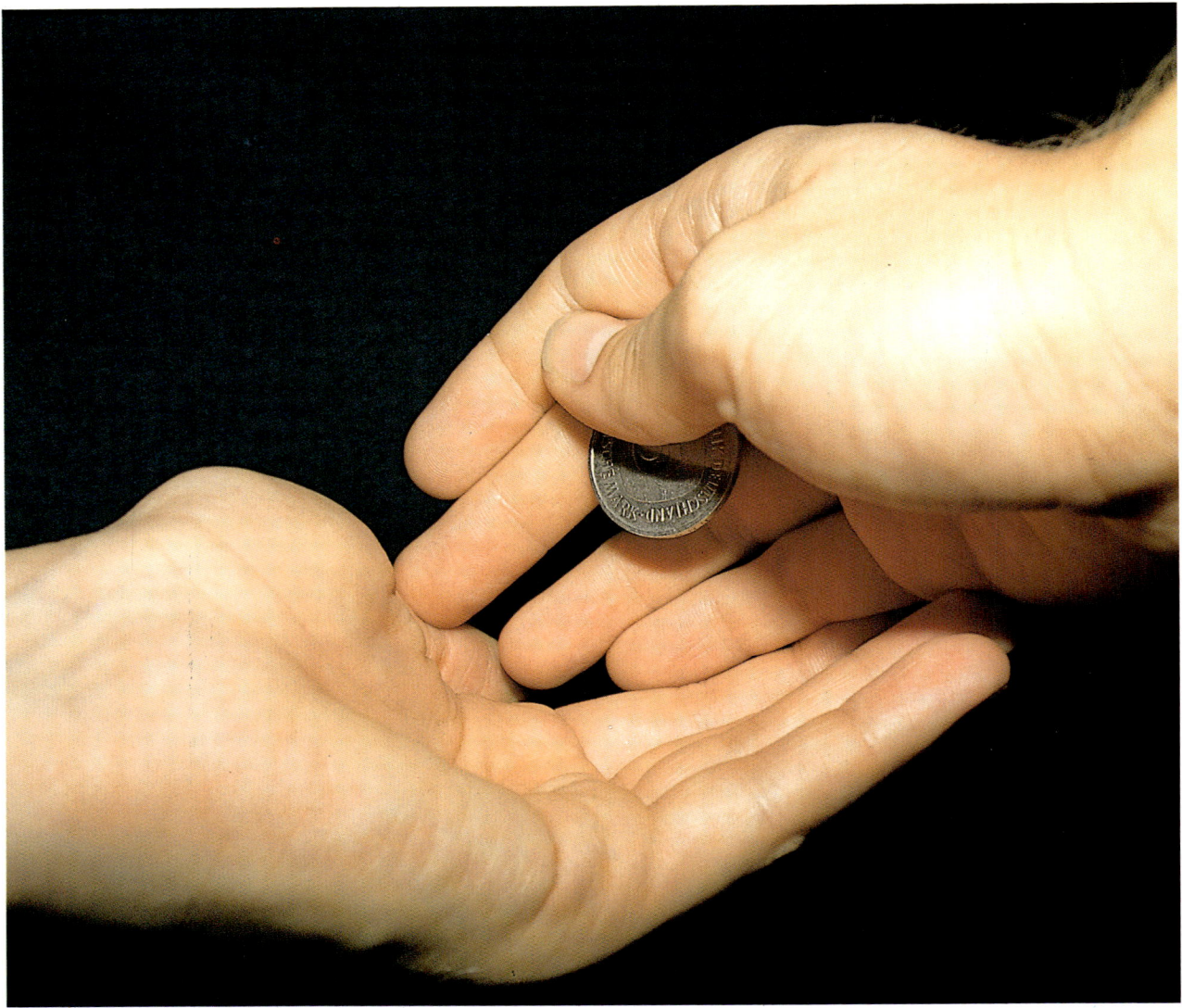

Abb. 8.2

Vorführung

Aus Ihrer rechten Jackentasche holen Sie das kleine Portmonnaie. Dabei ergreifen Sie eines der Fünfmarkstücke von außen mit Daumen und Mittelfinger der rechten Hand und halten es fest, während Sie mit der linken Hand das Portmonnaie öffnen und anschließend die drei (!) Münzen herausfallen lassen. Den Griff der rechten Hand unverändert, schließen Sie das Portemonnaie wieder mit links und legen es rechts neben sich, etwas entfernt, direkt vor den Zuschauern ab.

Auf dem Tisch ergreift die rechte Hand jetzt das Fünfmarkstück, und zwar mit Daumen, Zeige- und Mittelfinger. Sie kippen die beiden Finger ab und lassen die Münze locker in das Handinnere fallen.

Nun kommt das Schwierigste! Aufgepaßt: Sie geben scheinbar die Münze von einer Hand in die andere. In Wirklichkeit passiert folgendes:

Situation: *Rechte Hand – Hand*teller *nach oben geöffnet. Linke Hand – halb geschlossen, Hand*rücken *nach oben.*

Die rechte Hand bewegt sich nach unten (der Daumen hält die Münze an der oberen Kante fest), gleichzeitig dreht sich die linke Hand nach oben, um die Münze scheinbar aufzunehmen. Daraufhin schließt sich die linke Hand sofort (Abb. 8.2, 8.3).

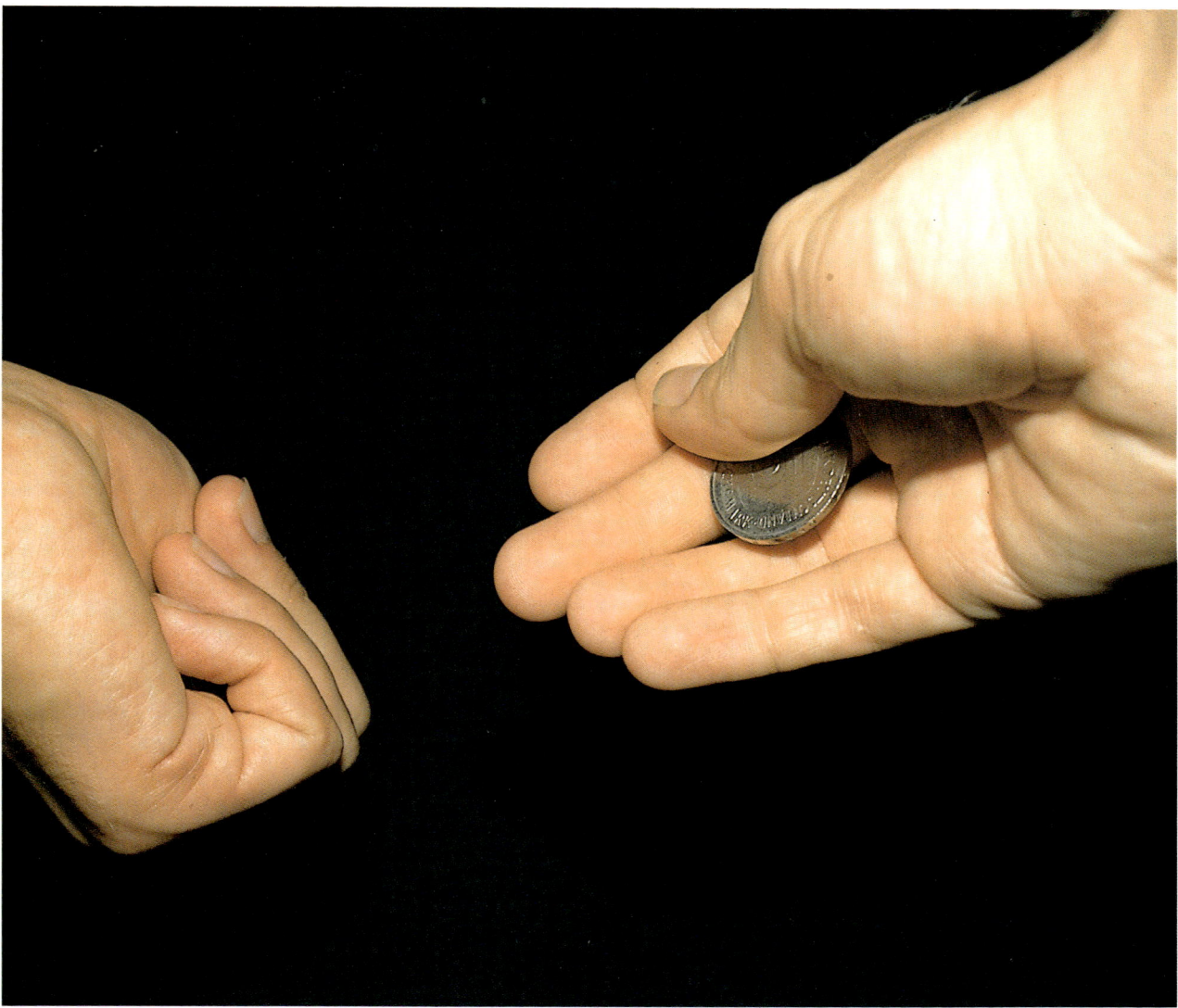

Abb. 8.3

Ein Tip: *Um diesen Griff zu üben, empfehle ich Ihnen, den Wurfvorgang zuerst tatsächlich auszuführen. So bekommen Sie ein Gefühl für den Bewegungsablauf. Schließlich lassen Sie dann einfach bei jedem 2. Wurf die Münze nicht mehr fallen. (Hauptsache, Sie halten sie dann bei der Vorführung fest! Meine Erfahrung hat gezeigt: was passieren kann, passiert auch.)*

Direkt im Anschluß an den simulierten Wurf bewege ich immer noch die linke Hand ein wenig zur Seite und schüttele sie leicht. Damit deute ich das Gewicht der Münze an und verstärke den Eindruck, daß sie sich ja nun in dieser Hand befindet.

Jetzt geht die rechte Hand an die linke Brusttasche, um den Stift zu holen, und läßt dabei die Münze unauffällig in die Tasche gleiten. Sie ergreifen den Stift zwischen Daumen und Zeigefinger und

klopfen damit auf Ihre linke Hand. Mit dieser magischen Bewegung, und wenn Sie wollen einem Zauberspruch, ist die Münze verschwunden.

Mit einer kurzen Verzögerung und vielleicht schweifendem Blick bitten Sie den Zuschauer, vor dem der Geldbeutel liegt, doch einmal darin nachzuschauen, ob die Münze eventuell dort angelangt sei. Tatsächlich findet er das Fünfmarkstück vor. Eigentlich sollte die Münze ja verschwunden sein! Also probieren Sie es ein zweites Mal: Bevor Sie den Verschwindegriff mit dem Fünfmarkstück ausführen, sammeln Sie die restlichen Geldstücke (Groschen und Pfennig) wieder in den Geldbeutel und schließen diesen.

Nachdem Sie scheinbar die Münze wieder von der rechten in die linke Hand gegeben haben, stecken Sie den Geldbeutel zurück in die Hosentasche. Dabei hält die rechte Hand, genau wie beim erstenmal, das Fünfmarkstück fest, so daß es unter der Börse liegt und mit in der Hosentasche verschwinden kann. Die linke Hand bewegt sich etwas nach links und führt wieder die schüttelnde Bewegung aus, als ob sich die Münze in dieser Hand befände. Ergreifen sie nun mit der rechten Hand den Stift und klopfen erneut magisch auf die linke Hand. Wenn Sie dann langsam Ihre Hand öffnen, ist diesmal die Münze völlig verschwunden! Gelassen stecken Sie den Stift wieder in Ihre äußere Brusttasche.

Psychologie

Diese Münzenroutine ist in sich sehr logisch aufgebaut und beinhaltet neben einer Münzwanderung ein verblüffendes Münzverschwinden. Der Zuschauer nimmt im Unterbewußtsein beim Ausschütten der Münzen wahr, daß der Geldbeutel leer ist, denn wenn man ihn geöffnet nach unten hält, müssen ja schließlich alle Münzen herausfallen. Sie verstärken den Effekt wenn Sie keine besondere Aufmerksamkeit auf diese ersten Griffe lenken.

Genauso verhält es sich beim Fallenlassen der Münze in die Brusttasche und beim Ergreifen des Stiftes. Dies muß eine fließende Bewegung sein, dann registriert der Zuschauer nur, daß Sie einen Stift aus der Tasche holen.

Beim zweiten Herübergeben der Münze von der rechten in die linke Hand ist der Zuschauer noch an die erste Übergabe gewöhnt. Deshalb wird er nun genau die rechte Hand verfolgen. Dadurch, daß das Fünfmarkstück unter dem Geldbeutel verborgen ist, kann der Zuschauer Ihre leere Handfläche sehen. Dies ist eine sehr faire Handlung, das bedeutet, der Zuschauer ist absolut von der Korrektheit überzeugt.

Er vermutet also eine leere rechte Hand. So geht der Zuschauer fest davon aus, daß die Münze noch in Ihrer linken Hand liegt. Deshalb wird die Überraschung beim Verschwinden dieser Münze um so größer sein.

Für den Zuschauer ist es immer von besonderem Interesse, wenn der Zauberer einen Gegenstand in einen geschlossenen Behälter befördern kann. Der Zuschauer sieht dies direkt vor seinen Augen ablaufen und kann es dennoch nicht glauben. Das ist auch der Grund, weshalb der Geldbeutel direkt vor den Zuschauern abgelegt werden muß. Jeder wird hinterher schwören, daß der Vorführende ihn nie berührt hat.

Schließlich: Die beiden Fünfmarkstücke sollten nicht sehr unterschiedlich aussehen, also gleichmäßig abgenutzt sein, sonst wäre die schöne Wanderung nicht besonders glaubhaft.

Abb. 9.1

„Memory"

Effekt

Diese Kartenroutine arbeitet mit der aktiven Beteiligung eines Zuschauers; das ist häufiger der Fall, hierbei ist allerdings der Clou, daß der Mitspieler sich seine Wunschkarte nicht sogleich aus dem offen ausgestreiften Spiel ziehen, sondern zuerst intensiv an Sie *denken* soll, d. h. allein mit seinen Gedanken in das magische Geschehen eingreift.

Der Zauberer behauptet, er würde diese Karte, auf die der Zuschauer seine Gedanken gerichtet hat, herausfinden. Kommen hier telephatische Kräfte ins Spiel? Auf jeden Fall ist diese Routine für die Zuschauer nicht nur mit bloßer Fingerfertigkeit zu erklären, und genau daraus bezieht sie Ihre Wirkung. Nachdem der Zuschauer sich eine Karte gedacht hat, verläßt der Zauberer den Raum. Nun zieht der Mitspieler „seine" Karte, um sie den übrigen Zuschauern

zu zeigen. Er legt die Karte auf das Spiel zurück und hebt es einmal ab. Der Zauberer betritt wieder den Raum, macht eine magische Handbewegung und breitet das Spiel erneut vor dem Puplikum aus. Die Karte des Zuschauers ist nicht mehr im Spiel vorhanden.

Um sie wiederzufinden, soll der Mitspieler seine gedachte Karte auf die Rückseite der Spielanleitungskarte schreiben. Die wirft der Zauberer anschließend durch das Spiel hindurch. Auf dem Tisch liegt die beschriebene Karte. Wenn sie nun umgedreht wird, hat sich die Spielanleitungskarte in die gedachte Karte verwandelt.

Präparation

Zubehör:

- 1 Skatspiel inklusive Anleitungskarte,
- 1 wasserfester Filzstift,
- 1 Gummiband,
- 1 kleine Menge Wachs (Dazu nehmen Sie am besten die kleinen Wachsplättchen, die zum Befestigen von Kerzen im Ständer benutzt werden. Es gibt sie überall da zu kaufen, wo man Kerzen und Kerzenhalter führt).

Fangen wir gleich mit dem Wachs an: Sie benötigen nur ein Bruchteil eines Plättchens für die Vorführung, aber Sie müssen es auf jeden Fall sehr weich haben, bevor Sie es benutzen. Rollen Sie eine kleine Kugel zwischen den Fingern, bis das Wachs geschmeidig ist. Nun kommt die Spielanleitungskarte mit dem Wachs in Berührung. Auf ihrer Rückseite tragen Sie einen Hauch Wachs in der Mitte auf. Die Wachsfläche muß sehr dünn sein, damit sie für den Zuschauer unsichtbar bleibt. Gehen Sie vorsichtig damit um – die Kerzenplättchen kleben extrem stark. Wenn Sie zuviel davon nehmen, verschmieren Sie die ganze Karte und bekommen es nicht wieder ab.

Die so vorbereitete Karte kommt als oberste bildunten auf das Spiel.

Um das Spiel zusammenzuhalten, spannen Sie ein Gummiband darum, und zwar von links oben nach rechts unten, damit das Wachs nicht berührt wird. (Abb. 9.1). Sie selbst tragen ein Jackett; in die rechte Außentasche stecken Sie das Spiel, in die rechte Innentasche den Stift zum Unterschreiben.

Abb. 9.2

Vorführung

Sie holen das Kartenspiel aus Ihrer Tasche. Mit dem Gummiband wirkt es wie neu, lediglich nicht in einer Schachtel verpackt. Sie ziehen das Band beiläufig ab. Nun streifen Sie die Karten bildoben von links nach rechts auf dem Tisch aus. (Weiche Unterlage!) Die Spielanleitungskarte soll auf der linken Seite nicht zu sehen sein, denn sie würde zuviel Aufmerksamkeit auf sich ziehen.

Sie bitten jetzt einen Zuschauer, sich eine Karte zu denken. Tatsächlich, er soll sie nur in seinen Gedanken auswählen! Diese Aufforderung sollen Sie ruhig mit betonten Worten vortragen, denn das ist doch wohl eine Besonderheit in der Zauberkunst – eine Karte wiederzufinden, die der Zuschauer sich nur gedacht hat!

Sie kündigen an, daß Sie selbst nun den Raum verlassen werden, während der Mitspieler seine gedachte Karte aus dem Band ziehen und den übrigen Zuschauern zeigen soll. Danach soll er das Kartenspiel zusammenschieben und bildunten auf den Tisch legen. Darauf wird er seine Karte, ebenfalls bildunten legen und den Stapel einmal abheben.

Haben Sie's gemerkt? Der Zuschauer legt seine Karte also direkt auf die wachsbeschichtete Spielanleitungskarte.

Sie hatten darum gebeten, wieder hereingeholt zu werden, wenn die Aktion beendet ist. Also können Sie nun Ihre Vorführung fortsetzen. Dazu ergreifen Sie das Päckchen mit der rechten Hand und geben es dann in Ihre Linke, so daß der Daumen von oben und die restlichen Finger von unten einen Druck auf das Kartenspiel ausüben (Abb. 9.2.). Dadurch wird die gedachte Karte fest an die Spielanleitungskarte geklebt.

Situation: *Die Zuschauerkarte liegt an einer beliebigen Stelle im Spiel. Sie bildet eine Einheit mit der Spielanleitungskarte, d.h. es wirkt wie eine Karte.*

Abb. 9.3

Sie streifen das Spiel erneut aus, damit die Zuschauer alle Karten sehen können, und zwar von links nach rechts, bildoben. Ihren Mitspieler fragen Sie dabei, ob er seine gedachte Karte entdecken kann. Natürlich kann er das nicht, denn sie klebt ja hinter der Spielanleitungskarte und ist somit unsichtbar. Für die Zuschauer ist sie also verschwunden.

Nun teilen Sie das Spiel genau neben der Anleitungskarte. Das geht so: Mit der linken Hand schieben Sie die Karten bis zur Spielanleitung zusammen; mit der rechten Hand tun Sie das gleiche von der anderen Seite her. Abschließend kommt das linke Päckchen auf das rechte und so legen Sie das Spiel zurück auf den Tisch.

Situation: *Die Anleitungskarte liegt bildoben auf dem insgesamt bildobenliegenden Kartenstapel.*

Nun nehmen Sie mit der rechten Hand die Anleitungskarte vom Stapel. Damit gehen Sie beiläufig in Ihre linke innere Brusttasche und deuten an, etwas zu suchen. In der Jacke, verdeckt für die Zuschauer, drehen Sie die Karten, so daß die Bildseite zum Körper gerichtet ist. Dabei schieben Sie die zusammengeklebten Karten auseinander und lassen die Spielanleitung in der Jackentasche zurück (Abb. 9.3).
Sie kommen mit der rechten Hand aus der Tasche heraus und legen die Karte (jetzt nur noch die gedachte Zuschauerkarte) auf dem Tisch ab.

Abb. 9.4

Mit einer fließenden Bewegung gehen Sie unmittelbar danach in die rechte innere Brusttasche und ergreifen dort den Stift. Achten Sie darauf, daß dieser Bewegungsablauf wie ein Suchen wirkt. Für das Publikum geht es hier lediglich um den Stift, den Sie hervorholen.

Diesen reichen Sie nun Ihrem Gegenüber und bitten ihn, die Spielanleitungskarte auf der Rückseite zu beschriften. Er soll das Rätsel preisgeben und seine gedachte Karte daraufschreiben, weil Sie sie ja bisher noch nicht gefunden haben.

Nachdem er jetzt seine verschwundene, gedachte Karte auf die Rückseite geschrieben hat, ergreifen Sie das Spiel mit der linken Hand an den Längsseiten und heben ungefähr die Hälfte der Karten ab (Abb. 9.4).

Mit rechts greifen Sie die beschriftete einzelne Karte und werfen Sie zwischen den beiden Spielhälften hindurch. Dann läßt die linke Hand die obere Kartenhälfte wieder auf die untere fallen.

Bitten Sie Ihren Zuschauer, die von ihm beschriftete Karte umzudrehen. Ich bin ganz sicher, daß die Verwunderung groß sein wird, wenn sich nun die Spielanleitungskarte mit seiner Beschriftung in die – wohlgemerkt nur gedachte – Karte verwandelt hat. Das Meisterstück ist Ihnen gelungen!

Psychologie

Bei dieser Routine wird von vornherein jeder Verdacht einer Manipulation ausgeschlossen. Weil der Zuschauer sich seine Karte nur denken soll, wird er gar nicht auf die Idee kommen, der Zauberer könnte sie in irgendeiner Form vertauschen, verschwindenlassen oder sonstwie beeinflussen. Die Vermutungen der Beobachter richtet sich meist auf eine Manipulation im eigentlichen Wortsinn, d.h. sie nehmen an, der Zauberer tut etwas mit seinen Händen, wendet bestimmte Griffe an – mit ihrer Karte. Und genau das kann er ja hier vermeintlich nicht. Dieser Gedanke wird noch verstärkt, wenn der Magir den Raum verläßt.

Bei „Memory" wird ein Grundprinzip deutlich, das sowohl für die Zaubervorführung, wie auch schon für den Aufbau von Zaubertricks gilt: die Ablenkung.

Lassen Sie mich nochmals betonen worum es geht: Die Konzentration der Zuschauer richtet sich während der Vorführung ganz auf eine gedachte, später gezeigte Karte. Die des Zauberers aber auf eine völlig andere Karte, nämlich die mit der Anleitung. Sie ist eine Art Hilfskonstruktion, um an die eigentliche Zuschauerkarte heranzukommen. Dem Zuschauer wiederum erscheint diese Karte als völlig nebensächlich, zuletzt sogar unbrauchbar. Diesen Eindruck bestärken Sie als Vorführender durch eine minimale Gestik; daß Sie die Anleitungskarte aus dem Spiel herausnehmen wird allen als ein völlig normaler Vorgang erscheinen. Das macht man ja immer so. Ebenso wird auch das Beschriften der Anleitung kein großes Hindernis für den Mitspieler sein, denn damit richtet er keinen Schaden an. (Auf eine normale Spielkarte zu schreiben, kostet immer etwas Überwindung.)

Sie sollten also Ihre Aufforderung mit einem entsprechenden Sätzchen einleiten. Etwa: „Die Spielanleitung benötigen wir sowieso nicht mehr, darf ich Sie bitten, Ihre gedachte Karte darauf zu notieren?"

Die Hemmschwelle wäre genommen, und außerdem haben Sie auf elegante Weise nochmals signalisiert, daß die Karte, die Sie offerieren, die Anleitungskarte sei. Die Psychologie nennt das „Verstärken".

So wie die Zuschauer Ihnen glauben, daß es sich um die Karte mit den Regeln handelt, werden Sie Ihnen auch glauben, daß Sie in Ihrer Jackentasche nach einem Stift suchen. Unter Umständen müssen Sie das nicht einmal erwähnen. Sie müssen nur Ihre Gesten flüssig und selbstverständlich halten, dann kommt es dem Publikum völlig normal vor.

Lassen Sie dabei keine Pausen entstehen und weisen Sie nicht unbewußt darauf hin, indem Sie vielleicht in einem Satz stocken, während Sie die Bewegung ausführen oder die Hand ruckartig aus der Tasche herausziehen. Die kleinste Unstimmigkeit würde signalisieren, daß hier etwas Absonderliches geschieht und Aufmerksamkeit erregen.

Ich halte solche Bewegungsabläufe immer bewußt klein, d.h. kein großes: „Wo ist der Stift", oder „Ach, da ist er ja in der anderen Tasche!", sondern einfach am Schluß den Zuschauer zum Schreiben auffordern, damit erscheint alles ganz logisch.

Die wohl wichtigste Stelle in dieser Routine ist die Aufforderung an den Mitspieler, und die Erklärung, was er mit seiner gedachten Karte machen soll, nachdem Sie den Raum verlassen haben. Ganz klar, daß Sie sich dabei keine Pannen leisten können, sonst klappt es hinterher nicht.

Also überlegen Sie sich eine deutliche, unmißverständliche Formulierung, und verstärken Sie den Vortrag vielleicht sogar mit Gesten, indem Sie die entsprechenden Abläufe andeuten. Auf diese Weise machen Sie quasi alle Zuschauer zu Assistenten für den einen Mitwirkenden. Falls der nämlich – womöglich vor Aufregung – nicht mehr genau weiß, was er tun sollte, werden ihn die übrigen Zuschauer dabei unterstützen.

Zu guter Letzt

Vielfach werde ich gefragt, wie man die Zauberei intensiv erlernen kann. In gewisser Weise ist dieses Buch eine Antwort auf die Frage. Ich bin mir aber durchaus bewußt, daß das für einen wirklich „besessenen" Zauberlehrling noch nicht alles sein kann.

Da gibt es den Magischen Zirkel von Deutschland e.V. Dies ist eine Vereinigung der Amateur- und Berufszauberer, die es in allen Ländern der Erde gibt. Hier ist er zur Zeit unterteilt in 45 Ortszirkel, die über ganz Deutschland verteilt sind. Die einzelnen Mitglieder erhalten monatlich eine eigene Fachzeitschrift. Um Mitglied zu werden, muß man eine Aufnahmeprüfung bestehen, die in einen theoretischen Teil und eine Vorführung vor Zauberkollegen unterteilt ist.

Die Mitglieder treffen sich meist ein- oder zweimal im Monat, um Gedanken und Erfahrungen auszutauschen. In jeder größeren Stadt gibt es einen Ortszirkel, der auch an bestimmten Tagen Interessierten einmal die Chance gibt, in das Zirkelleben hineinzuschauen. Besucht man dann über einen Zeitraum von etwa einem halben Jahr die Zirkelabende, kann man den Antrag auf Mitgliedschaft stellen. Meist dauert es danach einige Monate, bis Sie Ihre Künste unter Beweis stellen dürfen. Bei dieser Aufnahmeprüfung werden sicherlich gewisse Grundfertigkeit verlangt, aber es werden auch noch Fehler verziehen.

Wenn Sie eine bestimmte Punktzahl mit Ihrem Können erreicht haben, werden Sie in den Magischen Zirkel aufgenommen. Dies ist schon ein besonderes Privileg, denn damit haben Sie die Möglichkeit, auch einen Zauberkongreß zu besuchen. Einer der wichtigsten Fachkongresse ist der regelmäßige Jahreskongreß des Magischen Zirkels, der an wechselnden Orten Deutschlands stattfindet. Diese Kongresse sind ein tolles Erlebnis. Man trifft dort mehrere hundert Kollegen, die das gleiche Interesse haben, nämlich die Zauberkunst.

Neben einer Händlermesse gibt es Wettbewerbe in den verschiedensten Sparten der Zauberei. Gerade am Anfang kann ein Kongreß sehr hilfreich sein, denn meist weiß man noch nicht, welcher Sparte man sich verschreiben soll. Man erhält dort einen genauen Überblick und kann danach besser entscheiden, welche Zauberrichtung den eigenen Neigungen am ehesten entspricht.

Das Größte für einen Zauberer ist sicherlich die Teilnahme am Weltkongreß, an dem auch die Weltmeisterschaften ausgetragen werden. Allein durch die Teilnehmerzahl von 2000 Zauberern aus aller Herren Ländern beeindruckt dieser Kongreß.

Besonders interessant ist dabei das Zusammentreffen mit Zauberkollegen aus anderen Erdteilen, die, Ihrer Mentalität entsprechend, eine völlig andere Art der Zauberei vorstellen.

Man schließt Freundschaften, die oft über viele Jahre andauern, und man trifft Kollegen, die man von anderen Kongressen her kennt. In Seminaren werden neue Trends aufgezeigt, die mit ihren vielfältigen Anregungen eine nahezu ideale Form der Weiterbildung darstellen. Im Anschluß an ihre Vorführungen geben internationale Zauberkünstler ihre Geheimnisse an Kollegen weiter. Meist werden dabei wichtige Tips aus der Praxis vermittelt. Auf dem Weltkongreß werden ca. zehn verschiedene Seminare angeboten, darunter auch wichtige Randgebiete, wie die Kunst der Ablenkung oder richtiges Bühnenverhalten und Präsentationstechniken. Diese Seminare haben mir persönlich am meisten gebracht, denn dabei erkennt man sehr genau, was an der eigenen Vorführung verbesserungsbedürftig ist.

Sollten Sie weiteres Interesse an der Zauberei haben, erhalten Sie Informationen bei der

Geschäftsstelle des Magischen Zirkels
Herrn Ludwig Sager
Lohbrügger Straße 3 B
2057 Reinbek b. Hamburg

und auch ich helfe Ihnen gerne:

Thomas van Büren Lenger
Ostermeierstraße 23
3000 Hannover 72

Zum Schluß möchte ich Ihnen gerne noch einige Anregungen geben, die Ihnen nützlich sein können, wenn Sie Ihre Magie nicht nur als reines Hobby, sondern vielleicht sogar professionell betrachten. Wenn Sie als Close-up-Zauberer für eine Veranstaltung engagiert sind, haben Sie zu den „normalen" Schwierigkeiten nämlich noch eine ganze Reihe anderer Probleme zu bewältigen. Viele davon können Sie allerdings durch eine gute Vorarbeit lösen. Klären Sie deshalb immer die Voraussetzungen für Ihre Arbeit ab, das heißt checken sie die Gelegenheiten.

– Was gibt es für Tische in dem Raum? (Die bei Partys beliebten Stehtische sind mörderisch; Ihre Motorik verändert sich mit der Höhe völlig – das Ergebnis: Sie werden schnell verkrampfen.)
– Es sollten maximal acht Personen an einem Tisch sitzen. Mehr Leute könnten Sie nicht gut sehen. (Eine lange Tafel wäre total unsinnig für Close-up-Zauberei.)
– Zaubern Sie nicht während des Essens. Die Kellner stören Sie dabei ebenso wie das Besteckgeklapper. Und schließlich wollen die Gäste ja auch ihr Menü nicht kalt werden lassen.
– Treten Sie nicht in Konkurrenz zu einer Bigband. Den Kampf würden Sie verlieren. Wenn Sie gegen ein ganzes Orchester anschreien müssen, ruinieren Sie nicht nur Ihre Stimme, sondern auch die Stimmung für Ihre Show. Suchen Sie sich ein ruhiges Plätzchen, oder warten Sie die Pausen ab, das ist sicher sinnvoller.

– Bereiten Sie sich einen guten Auftritt; das heißt lassen Sie sich etwas einfallen, wie Sie die Gespräche am Tisch auf höfliche Weise unterbrechen können, denn die Close-up-Zauberei wird logischerweise nicht großartig für die Allgemeinheit angekündigt. Das würde die Überraschung erheblich reduzieren. Oft ist es ein besonderes Vergnügen, wenn ein Teil der Gäste erst sehr viel später merkt, was ihnen da geboten wird.

– Das erste Kunststück sollte möglichst kurz und visuell sein. Mit einem guten Anfang gewinnen Sie leichter auch das Interesse der Zuschauer, die eigentlich gar keinen Zauberer sehen wollten.

– Verwenden Sie nie einen Koffer. (Alle Routinen, die ich Ihnen vorgestellt habe, zaubern Sie aus Ihren Taschen.) Zuschauer suchen immer nach einer Erklärung. Wenn der Koffer auf dem Tisch steht, wird er im Mittelpunkt des Interesses sein, als Hort der Geheimnisse. Er lenkt also nur unnötig ab.

Ohne Koffer bleibt für viele nur der berühmte Ärmel als Erklärung für die Trickhandlung übrig. Wenn es also zu Ihrer Erscheinung paßt, krempeln Sie die Ärmel hoch, das verstärkt noch den Effekt. Die tollste Vorstellung für mich ist eine Swimmingpool-Party, bei der ich ebenfalls nur eine Badehose trage. Damit ist man in den Augen der Zuschauer wirklich ein Magier.